홀덤 마스터가 된 김 과장

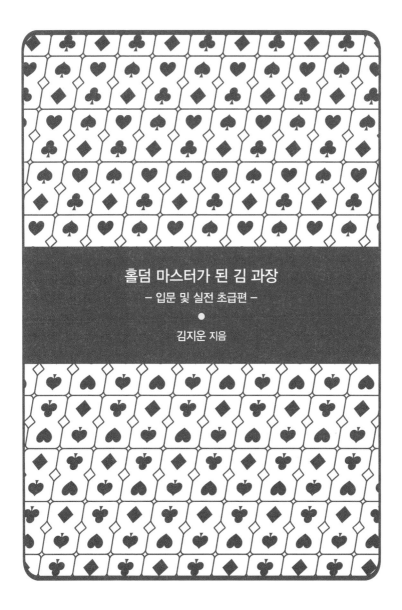

홀덤 마스터가 된 김 과장

– 입문 및 실전 초급편 –

●

김지운 지음

가연

들어가는 글

2006년, 우연히 텍사스 홀덤이라는 새로운 세계를 접하고 나는 그만 홀덤의 매력에 푹 빠졌다. 예상과 달리 홀덤은 하면 할수록 깊은 내공을 필요로 하는 마인드 스포츠였다. 그러나 주변에 나를 가르쳐 줄 수 있는 사람이 없다는 것에서 많은 갈증을 느꼈다. 그러다 우연히 2010년 지인의 소개로 전문 플레이어로부터 홀덤을 체계적으로 배우기 시작하면서 본격적인 포커 플레이어를 꿈꾸게 되었다. 돌이켜 보니 그런 꿈을 꾼 지 벌써 10여 년의 세월이 흘렀다. 국제 토너먼트를 처음으로 참가한 2011년부터 따져도 햇수로 10년이 지났다. 이 책은 개인적으로 홀덤에 투신한 10주년을 기리는 기념패이기도 하다.

나는 어느 누구보다도 포커를 사랑한다고 자부하는 사람으로서 대한민국 포커 저변을 확대하고 홀덤 인구를 확보하기 위해 도움이 될 만한 공익적인 무언가를 하고 싶었다. 그래서 1년여 전부터 포커에 관한 유튜브 방송을 시작하면서 오프라인에서 포커인들이 모이는 곳을 찾아다녔다. 그간 제법 많은 동영상 강좌를 올렸더니, 언제부턴가 개인적으로 참고해가면서 공부할 수 있는 포커 관련 서적도 집필해 달라는 문의가 빗발쳤다. 한 회사의 CEO로 있으면서 하루 24시간도 모자라 매일같이 서너 시간 밖에 자지 못하던 나에게 결코 쉽지 않은 주문이었지만, 어디서부터 공부해야 할지 몰라 방황하던 이전 경험을 떠올리며 결국 나는 책을 쓰겠다는 만용을 부렸다.

오래 걸리고 더디더라도 이 책은 반드시 내고 싶었다. 대한민국에서 초보자가 포커에 대해 공부하기가 쉽지 않다는 걸 그동안 뼈저리게 느끼고 있던 나로서는 이 책의 집필을 반드시 해야 하는 숙명처럼 여겼다. 우선 잠을 더 줄였고, 회의와 회의 중간마다 틈틈이 원고를 쓰고 다듬었다. 때로 포커 투어를 참여하려고 오른 비행기 위에서도 쪽잠을 줄여 가며 홀덤 관련 원서들을 뒤졌고, 대중성과 전문성이라는 두 마리 토끼를 다 잡기 위해 포커계 지인들과 프로 플레이어들에게 일일이 자문도 받았다.

무엇이든 글로 자신의 생각을 정리하고 한 권의 책으로 펴낸다는 건 굉장히 어려운 과업임을 다시금 느꼈다. 마치 아이를 낳는 산통이 이와 같을까 싶을 정도다. 무엇보다 이 쉽지 않은 결정을 지지해주고 응원해 준 많은 분들께 이 지면을 빌어 진심으로 감사의 말씀을 전하고 싶다. 얼굴도 보지 못할 정도로 바쁜데도 이해해주고 응원해 준 내 사랑하는 가족들과 열과 성을 다해 도움과 조언을 아끼지 않은 최정아 프로, 길경은 디자이너 외 많은 직장 동료들께도 진심으로 감사의 말씀을 전한다.

부디 가까운 장래에 같은 포커룸 테이블에 앉아 5장의 카드로 울고 웃는 승부를 펼칠 수 있을 날을 고대해본다.

2020년 10월

프로 포커 플레이어 김 지 운

김지석/김 과장
K물산 해외 영업부

출장차 필리핀에 갔다가 우연한 기회에 홀덤 테이블에 앉게 된다. 재미로 친 게임에서 운 좋게 작은 승리를 거두면서 스페이드, 하트, 다이아, 클럽이 수놓는 화려한 확률의 기하학에 빠져 본격적으로 홀덤을 공부하기 시작한다. 회사원으로 직장 생활을 하면서도 틈틈이 온라인 포커로 실력을 갈고 닦아 세계 포커인들이 모여든다는 WSOP의 전장에 뛰어든다.

최서현/마리아 최
프로 포커 플레이어

타고난 승부사. 한국기원 연구생으로 바둑을 두다가 과감하게 프로 포커 플레이어로 거듭난 당찬 여성. WSOP와 WPT에서 준수한 성적을 거두며 1년에 200일 이상을 해외 카지노에서 보내는 생활이 그녀의 일상이 되어 버린 포커꾼. 마닐라 카지노에 아시아 포커 투어에 참가하기 위해 갔다가 김지석을 만나게 된다. 의도적으로 김 과장에게 접근해 홀덤을 차근차근 가르쳐주면서 미스터리한 일들이 일어난다.

지창수/지 프로
프로 포커 플레이어

홀덤의 은둔 고수. WSOP와 WPT를 돌며 한때 우리나라 최고의 성적을 거둔 화려한 승부사. 현재는 미네르바라는 홀덤펍을 운영하면서 홀덤의 대중화에 힘쓰고 있는 미스터리한 포커꾼. 마리아 최의 소개로 김 과장을 홀덤의 세계로 인도하는 스승이 된다. 그는 김 과장에게 자신이 알고 있던 홀덤에서 승부를 가르는 원리와 다양한 필승 전략을 전수해준다.

추천사

이창호
(바둑 기사)

개인적으로 필자를 안 건 오래 전이지만, 지금처럼 많이 가까워진 건 아마 2013년부터였던 걸로 기억합니다. 당시 그는 10년 넘게 다니던 금융회사를 그만 두고 우리나라 바둑 교육의 저변을 넓힌다고 바둑학원을 운영하던 중이었습니다. 들리는 소문에 의하면, 휴일도 없이 바쁘게 일하다가도 1년이면 대여섯 차례 해외에 나간다고 했습니다. 나중에 물어 보니 주로 마카오 카지노를 오간다고 하더군요. 흥미롭기도 하고 걱정도 되어 카지노에 가서 주로 무슨 게임을 하느냐 그에게 물었더니, 카지노게임이 아닌 텍사스 홀덤을 한다고 했습니다.

텍사스 홀덤은 저에게도 생소한 게임이 아니었습니다. 1년에 한번 있는 프로 기사 야유회 때면 바둑 기사들끼리 모여 텍사스 홀덤을 하곤 했으니까요. 특히 바둑 기사들은 중국으로 시합을 가는 경우가 많은데, 시합이 끝나고 귀국하기 전날이면 중국과 한국 기사들이 함께 테이블에 앉아 텍사스 홀덤을 즐기며 시합의 여운을 나누기도 했습니다. 하지만 저는 필자가 그토록 열정을 갖고 임하는 홀덤의 매력을 미처 느끼지 못했던 것 같습니다.

이후 저도 호기심이 생겨 그를 따라 머리도 식힐 겸 몇 번인가 마카오에 가 본 적이 있습니다. 갈 때마다 국제 홀덤 대회에서 입상을 하는 광경도 보았는데, 흔히 사람들이 취미로 즐기는 홀덤을 저렇게나 열정적으로 하는 그가 참 신기하면서도 한편으로 대단하게 여겨졌습니다. 세월이 흘러 지금은 온라인 포커 게임을 개발하고 운영하는 회사의 CEO가 되어 본인의 취미를 직업으로 바꾼 그의 열정이 저로서는 상상이 가지 않습니다. 게다가 그 바쁜 와중에도 이렇게 책까지 썼다고 하니 그의 넘치는 에너지와 홀덤에 대한 애정이 부럽기만 합니다.

86년에 입단한 후, 올해로 프로 바둑 기사로 살아온 지 어언 35년이 되었습니다. 그간 반상 위에서 벌어진 숱한 전투에서 영광과 좌절의 순간들이 많았지만, 돌이켜 보면 너무나 빠르게 지나간 시간들이었습니다. 수많은 세계 대회에서 우승하고, 1991년부터 15년 동안 세계 랭킹 1위의 자리에 머물러 있었지만, 개인적으로 바둑이 항상 즐겁지만은 않았던 것 같습니다. 바둑을 공부하는 과정이야 늘 즐겁고 설레는 시간이지만, 결국 승부에서 벗어날 수 없다는 점은 바둑을 두는 동안 저에게 늘 정신적인 압박으로 다가오곤 했습니다.

저도 이제는 가벼운 마음으로 홀덤을 배워보려고 합니다. 앞으로도 바둑을 평생의 천직으로 여기며 살아가겠지만, 틈틈이 이 책을 곁에 두고 홀덤을 공부하며 바둑에서 얻지 못하는 또 다른 즐거움과 설렘을 얻고 싶습니다. 출판에 즈음하여 이렇게 추천사를 쓰며 저처럼 진지하게 홀덤을 공부해보고 싶은 분들의 흔쾌한 일독을 권합니다.

저 역시 언젠가 WSOP 메인 이벤트 테이블에 앉을 그 날을 꿈꾸며……

c o n t e n t s

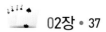
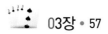

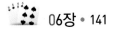
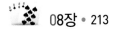
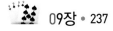

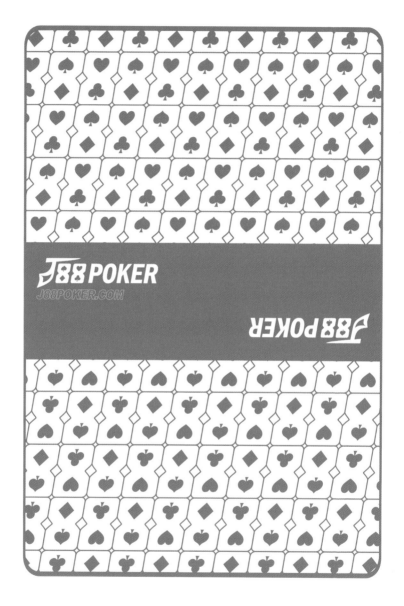

01

테이블에 앉은 시각은 11시. 미팅을 갖기로 약속한 겐팅 그룹 담당자는 본의 아니게 국내선 비행기가 연착되면서 약속시간보다 늦게 도착한다는 메시지가 왔다.

'으음⋯⋯. 시간이 많이 남는데?'

갑자기 한 시간 정도 일정이 붕 떴다. 오전 비즈니스 미팅은 부득이하게 점심 식사와 함께 진행될 것 같았다. 테이블에 앉아 서류를 들춰 보았다. 이미 몇 번이고 시뮬레이션 했던 내용이지만 다시 한번 곱씹으며 서류를 점검했다.

'으……. 속이 더부룩한데?'

아침부터 긴장한 탓인지, 어젯밤 현지 주재원과 먹은 술 때문인지 조식으로 먹은 스크램블이 부대끼기 시작했다. 그래도 프레젠테이션 도중에 부글거리지 않아 다행이라고 생각했다. 헛배를 쓸어내리며 앉아 있다가 더 이상 안 되겠다 싶어 자리에서 일어났다.

'아무래도 화장실을 다녀와야겠어.'

서류를 테이블에 둔 채 로비에 있는 화장실로 갔다. 언제부턴가 해외 출장이 있을 때면 민감성대장증상이 문제였다. 실적의 압박을 받다 보니 먹으면 종종 얹히곤 했다. 소화가 안 되다 보니 해외에 나와 있을 때는 항상 속이 불편했다. 아무래도 이번에는 돌아가서 병원에 가봐야겠다고 생각했다. 볼일을 보고 손을 씻고 있는데, 옆으로 한 무리의 중국인 남성들이 들어왔다. 시끌벅적 떠들며 바로 전에 있었던 어떤 상황에 대해 서로 이야기했다.

"하하, 리버에 8이 들어올 줄 누가 알았겠어?"

개중 가장 잘 차려 입은 한 남성이 호탕하게 웃으며 지껄였다. 그들은 나란히 소변기에 서서 볼일을 보면서도 신나게 떠들었다. 한 사내는 소변을 보다 말고 크게 손동작을 해보이며 바로 전에 자신이 봤던 상황을 동료들에게 리플레이 했다.

"와하하하."

손을 닦고 화장실을 나오며 갑자기 궁금해졌다. 뭐가 저렇게 재미있다는 걸까? 걸어 나오다 말고 뒤를 돌아 다시 화장실 쪽을 보았다. 그렇게 10초 정도 우두커니 서 있었을까? 그리고는 약간 불쾌감을 느꼈다. 중국인들 특유의 소란스럽고 과장스러운 어투가 귀에 거슬렸는지, 뜻밖에 미팅이 연기된 것에 괜히 짜증이 났는지, 그것도 아니라면 나는 이렇게 해외에서 영업 좀 해보겠다고 고생하고 있는데 저들은 아침부터 재미있게 인생을 즐기며 살고 있는 것에 괜히 부아가 났는지 갑자기 기분이 다운됐다.

20대 시절, 스쿠버다이빙이다 패러글라이딩이다 웨이크보드다 각종 스포츠에 미쳐 있었는데, 서른 살이 넘으니 정말 신기하게도 김광석의 노래처럼 무언가 재미있고 흥미로운 것에 별다른 감흥을 느끼지 못하는 자신을 발견한다. 가슴 뛰는 대상을 찾아 불나방처럼 뛰어드는 패기도, 미지의 세계에 발을 들여놓는 기대감도 없다. 똑같은 일상이 던져주는 일의 의무와 현실의 궤도에 따라 무한 반복되는 생활이 새로움에 대한 모험과 도전, 가지 않은 길에 대한 호기심과 갈증을 무력화시켰다.

화장실에서 남성들이 나왔다. 시시덕거리며 걸어가는 그들을 무언가에 홀리듯 따라갔다. 이유는 모르겠다. 남는 시간을 어떻게든 처리하고 싶었는지, 유흥거리라도 찾고 싶었는지 모르겠다. 적어도 모종의 단서라도 얻을 요량이었다고 해두자. 그들은 나의 예상과 전혀 다른 곳으로 들어갔다.

'어라, 여기는 어디야? 카지노가 있었어?'

그들은 호텔 1층에 위치한 카지노로 들어갔다. 호텔에 카지노가 있다는 사실도 몰랐다. 생각해보니, 마닐라 공항에 내려 현지 주재원과 어젯밤 늦게 술자리를 하고 체크인 후 곧장 호텔방으로 올라가느라 호텔 로비를 자세히 보지 못했나 보다. 대학생 때 강원도에서 MT를 마치고 호기심에 선배들을 따라 강원랜드에 가본 적은 있지만, 해외에서 카지노는 처음이었다. 평소 잡기에 취미가 없었기 때문에 장난삼아 카지노에서 한두 번 슬롯머신을 당겨 봤지 딜러가 운영하는 정식 테이블에 앉아 본 적은 없었다. 돈을 땄던 기억도 없다. 일본에 놀러갔을 때에도 지인과 함께 빠찡꼬장에 가서 몇 번 게임을 했지만 금세 게임에 흥미를 잃고 싱거워지곤 했다.

그런 나였기에 중국인들이 카지노에 들어간 뒷모습을 보고는 적잖이 실망해야 마땅했다. 그런데 참으로 이상하게도 괜히 가슴이 두근거렸다. 워낙 해외 카지노와 얽힌 사건 사고들이 신문지상에

나 TV에 자주 보도되었기 때문에 아마 카지노에 출입하는 것만으로도 지탄의 대상이 될 것만 같은 우려가 대부분의 한국인들의 정서 속에 있었기 때문일 것이다. 하지만 반대로 다른 종류의 두근거림도 있었다. 비유하자면, 초등학교 때 100미터 달리기 출발선에 섰을 때의 느낌, 극도의 긴장감과 흥분감이 차올라 아드레날린이 마구 분비되는, 그런 느낌의 두근거림이었다. 탕, 총성이 들린다면 당장이라도 땅을 박차고 스프링처럼 앞으로 튕겨져 나갈 것만 같은 느낌이 차올랐다.

'한 번 들어가 볼까?'

시간도 남았겠다, 무료하겠다, 궁금하겠다, 안 들어갈 이유가 없었다. 사실 들어가도 되는지조차 궁금했다. 현관에서 신분증 검사하면서 요즘 말로 입구 뺀찌를 당하면 어쩌지 하는 두려움도 들었다. 하지만 들어가고 싶다는 욕구가 더 강했다. 나는 약간의 설렘과 약간의 긴장감을 가지고 카지노 안으로 스윽 발을 들이밀었다.

"웰컴 투 리조트월드!"

기다렸다는 듯이 입구에 서있던 쇼걸들의 활기찬 인사가 들렸다. 소리가 너무 커서 흠칫 놀랄 정도였다. 별 것 아닌 것에 괜히 걱정이 앞섰던 스스로에게 절로 웃음이 나왔다. 입가에 피식 미소를 띠며 내부를 빙 둘러보았다. 카지노 안은 생각보다 넓고 밝았다. 방금 전까지 도박장이나 하우스의 칙칙함을 연상했던 자신이 조금 민망해질 정도였다. 내부는 탁 트여 있었고 사방이 테이블들과 슬롯머신 등등 고급스러운 인테리어로 꾸며져 있었다. 한쪽에는 간단한 주정음료와 소프트드링크를 자유롭게 마실 수 있도록 와인바가 들어서 있었다. 아래로 바닥에는 현란하고 화려한 카펫이 깔려 있었고, 위로 천장에는 눈부신 샹들리에가 20여 미터 간격으로 매 테이블마다 매달려 있었다. 테이블에 앉아 있는 사람이나 그 곁을 서성거리는 사람 모두 준수하고 말끔하게 보였다.

'흐음, 이거 생각보다 괜찮은데?'

분위기가 대번 마음에 들었다. 미팅까지 시간이 남았기 때문에 좋은 구경거리를 찾은 셈이었다. 애초에 게임을 하겠다는 생각이 없었기에 나는 여기서 한 시간 정도 구경하고 있다가 나가야겠다고 마음먹었다.

맨 처음 나는 와인바에서 탄산수를 들고 슬롯머신이 있는 곳으로 가보았다. 적잖은 사람들이 머신 앞에 앉아 열심히 레버를 당기고 있었다. 다들 심각하게 슬롯머신 화면을 들여다보고 있는 모습이 조금 우습게 보였다. 듬성듬성 빈자리가 보였지만 앉고 싶지는 않았다. 사실 가지고 온 돈도 없었다. 10여 분 가량 둘러보았지만 돈을 따는 사람은 없어 보였다. 그렇게 둘러보다가 슬롯머신의 기계음을 뒤로 하고 천천히 테이블로 걸음을 옮겼다.

테이블은 또 분위기가 달랐다. 그들은 자신이 앉은 자리에서 딜러가 주는 카드를 받고는 깊은 침묵과 사색에 빠져 있었다. 한 손으로는 턱을 괴고 다른 한 손으로는 자신 앞에 놓인 칩을 찰그락거리며 사고에 몰입하는 그들은 노름꾼이 아니라 로댕의 생각하는 사람처럼 모두 철학자들 같았다. 그렇게 테이블 주변을 이리저리 서성거리며 있는데, 갑자기 옆에서 누군가가 말을 걸었다.

"Would you try it?(해볼래요?)"

돌아보니 한 묘령의 여성이 영어로 물었다. 아마도 옆에서 나를 한동안 지켜보았던 것 같았다.

"I don't know how to do it.(어떻게 하는지 모르는데요.)"

머리를 긁적거리며 웃자, 그 여성은 말을 이었다.

"Have you ever played poker? It's a game you combine five cards to make a high ranking.
(포커 안 해봤어요? 5장의 카드를 가지고 족보를 만드는 게임이죠.)"

19

나중에 알았지만, 그녀는 카지노에서 개최한 토너먼트에 참가하러 온 전문 포커 플레이어였다. 그녀는 한국인인 나를 보고 반가운 나머지 말을 걸어온 것이었다. 하지만 당시 나는 그녀의 남다른 미모에 이끌려 다른 생각은 하지 못했다. 머뭇하는 나에게 그 여성이 이번에는 한국어로 말을 걸었다.

"한국인이시죠?"
"아, 한국말을 하시네요?"

그녀는 놀라는 나를 보며 미소를 띠었다.

"후훗, 네. 한국 사람이니까요."
"아, 정말요? 반갑습니다."

이국땅에서 동포를 만난 감격에 나도 모르게 손을 내밀어 악수를 청했다. 그녀는 흔쾌히 악수를 받았다. 의외로 단단한 손바닥이 느껴졌다.

"마닐라에는 무슨 일로 오신 거예요?"

나는 서울에 사는 회사원이고, 며칠 전 마닐라에 거래처 담당자를 만나러 왔다는 이야기를 그녀에게 장황하게 늘어놓았다. 하지만 그녀는 내 이야기에 별다른 관심을 보이는 것 같지 않았다. 그녀의 귀는 나를 향해 열려 있었지만, 눈은 계속해서 테이블 위에서 벌어지는 포커 게임을 바라보고 있었다. 이내 머쓱해진 나는 그녀의 표정을 살피며 입을 다물었다. 이윽고 그녀는 테이블에서 눈을 떼지 않으면서 나에게 대뜸 물었다.

"족보는 아시죠?"
"아, 네. 대충은 알죠."

사실 카드 족보야 친구들하고 포커를 치거나 가끔 심심할 때 온라인으로 세븐오디를 했던 가닥이 있었기 때문에 낯설지 않았다. 족보라는 말을 들으니 빽줄이니 삼봉이니 한 때 열심히 돌렸던 카드 패가 주마등처럼 눈앞을 스치고 지나갔다. 그 사이 테이블에서는 승패가 갈리며 게임이 막 끝났다. 그녀는 나를 바라보며 물었다.

"잘 됐네요. 한 게임 하실래요?"
"네?"

내 표정을 살피던 여성은 아예 한 발 다가와 내 팔뚝을 잡았다. 그녀의 향수 냄새가 기분 좋게 코끝을 치고 지나갔다.

"족보를 안다면 바로 게임할 수 있겠네요, 그죠? 룰은 아주 심플

21

해요. 테이블에서 2장의 카드는 나만 받는 거고, 나머지 5장의 카드는 모두가 함께 받는 카드예요. 저기 보세요. 먼저 저렇게 테이블 위에 3장의 카드가 펼쳐져 있죠?"

그녀의 손가락이 가리키는 곳을 따라 나의 시선이 멈추자, 정말 테이블 위에 3장의 카드가 깔려 있었다. 테이블 위에 앉은 사람들은 족히 예닐곱 명은 되어 보였다. 그들은 각기 2장의 카드를 들고 열심히 칩을 만지작거리고 있었다. 한 판이 끝나고 나서 다시 진행되는 테이블에 스윽 다가가 펼쳐진 카드 패를 보았다.

10♠, 9♥, A♥…

"이 다음에 2장의 카드를 더 펼치는데, 각 장의 카드를 보는 데 칩을 걸어야 해요."
"다음 카드를 보려면, 칩을 걸어라?"
"그렇죠. 칩으로 기회를 사는 거죠."

칩으로 기회를 산다. 인생이 다 그렇지 않은가? 우리 모두는 입장권 1장 받지 못하고 이 세상에 태어났다. 모든 것이 기회고 확률이며 가능성이다. 그 확률을 정확히 아는 것은 거의 불가능하다. 따라서 카드 1장을 들춰보는데 적절한 비용이 청구된다.

'흐음, 저 카드로 어떤 족보를 만들 수 있을까?'

나는 본능적으로 빠르게 머리를 굴려 보았다. 이 상황에서 내가
J와 Q를 들고 있다면, 그리고 다음 카드에서 K만 한 장 떨어진다
면……. 그야말로 무적의 카드가 뜨는 셈이다. 인생도 이와 같다
면 얼마나 좋을까?

그러다가 옆에서 그녀의 시선이 느껴져 다시 그녀의 눈과 마주
쳤다. 나를 보고 씨익 웃는 그녀를 잠시 바라보았다. 그녀의 가지
런한 치아가 보였다. 무슨 생각을 했는지 들킨 것 같아 멋쩍게 웃
는 나를 한참 아무 말 없이 보다가 그녀는 다시 테이블로 시선을 돌

렸다. 그녀는 한동안 칩을 거는 사람들과 카드를 내주며 죽는 사람들을 물끄러미 보다가 갑자기 다시 나에게 고개를 돌리며 강렬한 눈빛을 발사했다. 돌아보는데 촤라락 머리카락이 휘날리는 소리가 들릴 정도였다.

"하실 수 있겠어요?"
"예?"

갑자기 훅 들어온 그녀의 물음에 잠시 말을 잃었다. 난 그저 잠시 미팅이 미뤄지면서 시간을 때우려고 들어온 건데……. 사실 애초에 카지노에 들어오려는 의도조차 없었다. 칩도 바꾸지 않았다. 여기서 슬롯머신을 당기거나 테이블에 앉아 딜러가 주는 카드를 받을 생각도 없었다. 단지 나는 바이어 미팅 때문에……. 여기까지 생각이 미치자 갑자기 호텔 커피숍에 놓아둔 서류가 퍼뜩 떠올랐다.

'아차, 내 가방!'

무언가에 홀린 듯 이곳에 들어왔다. 내가 왜 여기 들어왔지? 기억을 되돌려보니 화장실이 문제였다. 맞다! 화장실부터였다. 잠시 볼일을 본다고 나간 것이 그만 가방을 두고 왔다는 사실마저 깜박했다. 나는 황급히 자리를 뜨기로 했다.

"저어, 그만 일어나겠습니다."
"잠시만요."

그녀가 강하게 내 손을 잡았다. 나는 뿌리치며 말했다.

"깜박하고 커피숍에 서류가방을 두고 왔네요."
"얼른 다녀오세요. 여기서 기다리고 있을게요."

그녀의 눈이 반짝거렸다.

"아니 난 돈도 가져오지 않았습니다."
"칩은 드제가 드릴게요. 잃으셔도 돼요. 단 따시면 2배로 돌려주셔야 해요. 호호."

그제야 그녀의 목에 걸린 명찰이 눈에 들어왔다.

Asia Poker Tour
Maria Choi

가슴에 달린 명찰을 바라보는 나를 보더니 그녀는 피식 웃음을 웃었다. 마치 '남자들은 다 똑같군요.'라고 말하는 듯한 표정이었다. 갑자기 그녀는 영어와 우리말을 섞어 말했다.

Asia Poker Tour
Maria Choi

"Chances are like lightning; they never hit the earth at the same spot twice.(기회는 번개처럼 두 번 같은 곳에 떨어지지 않아요.) 당신에게 배달된 행운의 카드를 한 번 펼쳐 보세요."

'기회는 번개처럼 두 번 같은 곳에 오지 않는다……'

나는 무심코 그녀의 말을 되뇌었다. 갑자기 내 눈앞에 모든 사물이 사라지더니 테이블만 확 들어왔다. 주변이 모두 불 꺼진 무대처럼 보였고, 중앙에 오로지 나를 위해 마련된 테이블과 딜러만 회백색 스포트라이트를 받고 있는 듯한 착각이 들었다. 그 순간 번쩍하고 번개가 내리쳤다. 나는 눈을 비비고 다시 내 앞에 펼쳐진 전경을 보았다. 동공이 확장되면서 갑자기 포커 테이블이 거대한 우주의 진리를 가르쳐줄 것 같은 철학자의 돌로 보였다. 그때 모습은 보이지 않고 목소리만 들리던 그녀가 속삭이듯 말을 걸어왔다.

"나를 따라와요."

★ 지상 최고의 마인드 스포츠, 홀덤 토너먼트 ★

전 세계에서 야구 조금 한다는 소리를 듣는 선수라면 다들 일생에 한 번쯤은 미국 메이저리그^{MLB} 무대를 밟는 꿈을 꿀 것이다. 자국에서 볼 좀 찬다는 소리는 듣는 선수라면 영국 프리미어리그^{EPL}에 서서 세계적인 선수들과 자신의 실력을 겨뤄보고 싶을 것이다. 그리고 이제 갓 홀덤에 입문한 사람들이라면 누구라도 언젠가는 꿈의 무대라고 불리는 WSOP에 참가하고 싶을 것이다. 필자 역시 2019년 WSOP 메인이벤트에 참가했고 Day-6까지 진출해서 47위를 차지한 바 있다. 이 기록은 역대 한국인 최고 기록이다. 세계적인 포커 토너먼트에는 어떠한 대회들이 운영 중에 있고, 이들의 특징은 무엇이며, 어떻게 참가할 수 있는지 알아보도록 하자.

WSOP

현재 홀덤을 메인이벤트로 활용하는 세계적인 포커 대회들이 여럿 있지만, 그 중에서 제일 먼저 WSOP를 언급하지 않을 수 없다. 월드 시리즈 오브 포커World Series of Poker로 불리는 WSOP는 홀덤 토너먼트 대회 중에서 가장 오랜 역사와 전통을 자랑하는 대회다. 1970년, 부자관계인 베니와 잭 비니언이 당대 7명의 포커꾼을 초대하여 라스베이거스 호슈 카지노Horseshoe Casino에서 제1회 대회를 열었던 것이 지금의 WSOP의 모태가 되었다. 1970년 제1회 대회에서는 자니 모스가 우승하며 실버컵을 수상했다. 현재는 메인이벤트 우승자에게 황금 팔찌를 준다. 1972년부터 메인이벤트는 토너먼트 형식으로 만 달러짜리 바이-인 노-리미트 홀덤을 지정했고, 이 전통은 지금까지 이어지고 있다. WSOP는 전미 서킷대회부터 세계 토너먼트에 이르기까지 다양한 관련 대회들이 주기적으로 열리지만, 전통적으로 매년 6월에서 7월 중 라스베이거스 리오 카지노에서 일주일 간 연속으로 진행되는 메인이벤트가 특히 유명하다. 잭 비니언에게서 판권을 사들인 뒤부터 미국의 대표적인 카지노업체 시저스엔터테인먼트사Caesars Entertainment Corporation가 대회를 주관하고 있다. 다른 토너먼트 대회들과 달리 유일하게 카지노 업체가 주최하는 세계적인 포커 토너먼트 대회다.

WSOP는 크리스 머니메이커와 그렉 레이머가 각각 2003년과 2004년 메인이벤트 우승을 차지하면서 세계적으로 인기가 치솟았다. 특히 머니메이커는 온라인 게임 사이트에서 획득한 초대장을 가지고 대회에 참가하여 잭팟을 터뜨린 일화 때문에 많은 이들이 그의 우승에 열광했다. 평범한 일반인들의 우승은 포커가 전문가의 영역이 아니라 누구라도 접근할 수 있는 게임이라는 인식을 대중들에게 심어주었다. 심지어 2007년 대회 메인이벤트 우승을 차지한 제리 양은 본격적으로 포커를 배운지 채 2년이 되지 않았다고 밝혀 사람들의 마음을 희망으로 들뜨게 했다. WSOP의 성장에는 TV 중계도 한몫을 차지했다. 현재 세계적인 스포츠채널 방송사인 ESPN이 대회 관련 모든 중계권을 가지고 있다.

WSOP에 참가하는 방법은 크게 2가지로 나뉜다. 우선 대회가 열리는 현지에 참석하여 현장 등록을 통해 토너먼트에 참가하는 방법이다. 메인이벤트 참가비는 미화 1만 달러다. 참가에 별도의 특별한 자격기준은 없다. 또 하나의 방법은 온라인을 통해서 초청장을 얻는 방식인데, WSOP는 위성게임을 뜻하는 새틀라이트satellites라는 토너먼트 이벤트를 온라인에서 수시로 진행하고 있다. 온라인 토너먼트 새틀라이트는 자사 홈페이지 WSOP.com에서 언제나 참가할 수 있으며, 각종 이벤트에서 우승하는 플레이어들은 그해 열리는 WSOP 오프라인 대회의 참가권을 얻을 수 있다. 즉 초청 선수로 토너먼트에 참여할 수 있는 자격을 얻게 되는 것이다. WSOP의 참가비는 사이드에서 벌어지는 각종 이벤트에 따라 다양하다. 게임도 다양한 장르로 4백 달러에서 5만 달러에 이르기까지 이벤트가 펼쳐져서 흡사 뷔페 코스를 방불케 한다.

WPT

월드 포커 투어World Poker Tour로 불리는 WPT는 WSOP와 함께 양대 포커 토너먼트 대회로 꼽힌다. WSOP의 상업적인 성공에 자극을 받아 2002년 후발주자로 뒤늦게 출범했으나, WSOP, EPT와 함께 WPT에서 우승하면 포커계 그랜드슬램을 달성한 것으로 간주될 만큼 세계적인 토너먼트 대회로 빠르게 성장했다. WPT의 가파른 성공신화 뒤에는 스티븐 립스콤Steven Lipscomb의 존재가 있었다. TV 방송제작자였던 그는 방송 엔터테인먼트의 속성을 잘 이해하고 있었고, 이를 중계에 적극 활용하면서 WPT의 성장을 견인했다. WPT의 성장이 WSOP에도 좋은 자극제가 되었고,

두 대회는 앞서거니 뒤서거니 선의의 경쟁을 펼치며 쌍끌이 어선처럼 세계 포커 게임을 앞에서 주도하고 있다.

WSOP가 ESPN이 중계한다면, 경쟁관계에 있는 WPT의 메인이벤트는 FOX Sports를 타고 전 세계로 중계된다. 제1회 대회부터 현재까지 더블유피티 엔터프라이즈사WPT Enterprises가 대회를 주관하고 있으며, 팔지를 수여하는 WSOP와 달리 WPT는 메인이벤트 우승자에게 고전적인 트로피를 수여하고 있다. WSOP와 달리 WPT는 시즌제로 운영된다.

WSOP에 전미 서킷 투어가 있다면, WPT에는 프로페셔널 포커 투어Professional Poker Tour가 있다. 스핀-오프 형식으로 진행되는 포커 투어는 중계방송으로 이어져 WPT가 지금의 규모로 성장하는 데에 큰 역할을 했다. 제1회 대회 우승은 미국의 앨런 괴링이 차지했다. 우승 상금으로 1,011,866달러를 획득했다. 당시 파이널 테이블에 필 아이비와 도일 브런슨 같은 세계적인 선수들과 함께 있었다. 이후 상금이 가파르게 오르더니 2006년 제5회 대회 때에는 카를로스 모르텐센이 우승 상금으로 자그마치 3,970,415달러를 거머쥐면서 정점을 찍었다. 흥미로운 것은 2015년부터 대회 규모가 줄어드는 현상이 감지되고 있다는 점이다. 2019년 제17회 대회 때에 우승자가 받은 상금은 고작 440,395달러에 불과했다.

참가 방법은 WSOP와 유사하다. 현장 등록을 통해 참가비를 내고 참가하는 방법과 온라인 포커 사이트의 이벤트를 통해 초청장을 받아 무료로 참가하는 방법이다. 클럽 WPT 홈페이지 worldpokertour.com에 가면, 다양한 온라인 토너먼트에 참여할 수 있다. 여러 이벤트가 수시로 열리기 때문에 수준에 맞는 게임을 골라 참여하면 된다.

두 대회에 대한 필자의 개인적인 평가는 이렇다. 명성과 역사, 규모와 수준으로 볼 때, WSOP가 우위에 있다. 후발주자인 WPT도 그 동안 많은 성장을 거듭했고, 양적으로나 질적으로 WSOP와 견주어 결코 떨어지지 않는 수준의 대회 규모를 자랑하게 되었지만, WSOP가 지니는 역사적 의미와 상징적인 아우라를 뛰어 넘기에는 아직까지 역부족인 듯하다. 포커계에서도 비슷한 평가를 내린다. 누구든 WSOP에서 우승을 거머쥐면 그해 '세계 포커 챔피언'이라는 수식어가 자연스럽게 따라 붙는 이유가 바로 그것이다.

EPT

유러피언 포커 투어European Poker Tour(EPT)는 텍사스 홀덤의 인기에 편승해서 2004년에 시작된 세계적인 토너먼트 대회다. 처음에는 존 두티에John Duthie에 의해 지역 주관사를 구해 운영되다가 2011년부터는 세계적인 온라인 게임업체인 포커스타즈의 후원을 받아 열리고 있다. 유럽 전역에 선셋+바인Sunset+Vine에 의해 TV 중계되고 있다.

참가에는 2가지 방식이 있다. 대회가 열리는 현장에 직접 가서 등록하는 방법과 포커스타즈 사이트에서 게임 프로그램을 다운로드 받아 각종 이벤트에 참여하여 초청장을 받는 방법이다. PC 버전이나 모바일 버전을 통해 새틀라이트에 참여하여 대회 시드를 받으면 된다.

APPT

아시아 패시픽 포커 투어Asia Pacific Poker Tour(APPT)는 매해 아시아–태평양 여러 나라를 돌며 토너먼트를 벌이는 포커 대회다. 아시아에서 열리는 국제적인 포커 토너먼트 중에서 가장 큰 규모를 자랑한다. 2007년 대회는 필리핀 마닐라, 대한민국 서울, 중국 마카오, 호주 시드니를 돌며 총 6개의 토너먼트를 진행했다. EPT처럼, 이 대회 역시 대표적인 온라인 포커 사이트인 포커스타즈가 주최하고 있다. 참가 방식은 EPT와 동일하다.

특히 APPT는 한국인들에게 뜻 깊은 대회다. 본래 강원랜드를 제외하고 내국인들을 대상으로 카지노 운영이 불법으로 규정된 우리나라 현실 속에서 정부가 승인한 최초의 포커 대회였기 때문이다. 게다가 2013년 토너먼트를 중국 베이징에서 개최하면서 이전까지 포커를 불법화했던 중국 당국도 홀덤을 마인드 스포츠로 인정하는 계기가 되기도 했다. 이처럼 APPT는 아직 포커의 인식이 부족한 아시아 여러 나라들을 돌며 포커의 재평가와 홀덤의 스포츠화에 기여하고 있는 셈이다.

APT

아시아 포커 투어Asian Poker Tour(APT)는 APPT에 자극 받아 2008년 필리핀 마닐라에서 1회 대회가 개최되었다. 매해 아시아 지역 여러 나라들을 돌며 10여 개 이상의 이벤트를 진행하는 아시아를 대표하는 토너먼트 대회다. 지금까지 필리핀. 마카오, 한국, 캄보디아, 베트남. 인도, 호주 등지에서 대회가 열렸는데. 후발주자로서 확장성은 APPT보다 더 높다는 평가도 있다. 매년 많은 대회가 열리고 있다. APT는 특히 한국 출신 플레이어가 좋은 성적을 거두며 종종 우승도 하는 대회 중 하나로 꼽힌다.

J88 Poker Tour

　　J88 포커 투어는 아시아 포커 투어 후발주자로 2018년 12월 대만 타이페이에서 1회 대회가 개최되었다. 이후 2019년 3월 같은 장소에서 열린 2회 대회에서는 메인이벤트에만 452명이 참가했으며, 사이드 이벤트를 포함해서 2,000명 이상이 참가하는 아시아 최대 규모의 대회로 급성장했다. 2019년 10월에는 중국 상하이에서 투어가 열렸는데, 메인이벤트에만 860명이 참가하여 흥행에도 성공했다. 특히 이 대회에서는 전 프로 게이머이자 현재 J88포커 팀프로로 활동 중인 우리나라의 홍진호 선수가 우승을 차지했다.

　　2020년에는 Covid-19의 영향으로 대부분의 포커 토너먼트가 취소되거나 연기되는 상황에서도 7월 4~5일 양일간 한국 그랜드프라자호텔에서 J88PT 대회가 열렸다. 한국에서 개최한 대회 중에서 한국인이·참가할 수 있는 최초의 국제적인 포커 투어로 메인이벤트에만 800명(우승자: 송대웅), 하이롤러이벤트에 110명(우승자: 토미 킴), 몬스터스택이벤트에 194명(우승자: 써니 정), 숏덱이벤트에도 66명(우승자: 정홍부)이 참가하여 성황리에 대회를 마쳤다. 앞으로도 매년 대여섯 차례 아시아 각국을 돌며 J88PT가 열릴 예정이다.

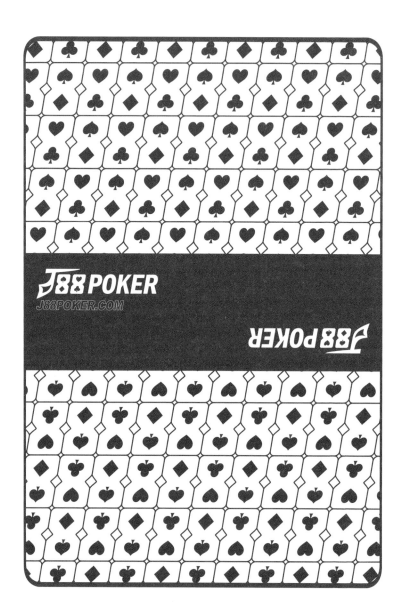

02

그녀는 잠깐 커피나 한 잔 하자고 했다. 나는 당일 저녁 비행기로 귀국해야 했다. 나에게 남은 시간은 오후 서너 시간이 고작이었다. 무엇보다 나는 업무상 미팅을 마무리해야 했다. 하지만 나는 왠지 그녀를 따라가고 싶었다.

"그럴까요?"

그녀는 호텔 가장 높은 층에 있는 스카이라운지로 나를 능숙하게 안내했다. 탁 트인 뷰가 펼쳐진 멋진 레스토랑이었다. 필리핀의 전통적인 조각상들과 모던한 인테리어가 조화를 이루는, 정말이지

서울에서도 보기 힘든 세련된 레스토랑이었다.

"내가 마닐라에서 제일 좋아하는 곳이에요."

그녀는 능숙하게 점원을 불러 커피를 시켰다. 잠깐 휴대폰을 확인하던 그녀는 나를 바라보면서 말을 이었다.

"참, 통성명이 늦었네요. 최서현이에요. 반가워요."

그녀는 나에게 손을 쭈욱 내밀어 악수를 청했다. 나는 그녀의 손을 잡았다.

"마리아는 본명이 아니신가 봐요?"
"마리아는 영어 이름이에요. 외국 시합을 나갈 때 쓰는 이름이죠."

그러면서 그녀는 휴대폰으로 사이트를 검색하더니 나에게 내밀어 화면 하나를 보여주었다.

"이게 나예요. 전 세계 포커 플레이어들의 랭킹을 볼 수 있는 사이트에서 확인할 수 있죠. 음. 한국인으로는 현재 4위네요."

최서현

화면에는 세계 포커 랭킹이 나와 있었다. 그녀는 촤르르 차트를 넘기다가 손가락으로 자신 이름이 있는 위치를 가리켰다. 이름을 터치하자 세부 화면이 펼쳐졌다. 화면에는 지금보다 젊었을 때 찍었을 것 같은 그녀의 앳된 사진이 박혀 있었다. 웃으며 정면을 바라보는 모습이 영락없이 그녀였다.

"그럼……. 직업이 도박사?"

그녀는 커피잔을 내려놓으며 폽 하고 웃었다.

핸돈몹

핸돈몹the hendon mob은 전 세계 포커 랭킹을 알려주는 사이트다. 이 사이트에는 우승 상금 명단All Time Money List을 비롯하여 각종 공인대회 성적과 토너먼트 결과가 상세하게 나와 있으며 실시간 업데이트된다. 2020년 8월 현재, 우승 상금 명단에 브라이언 케니Bryn Kenney, 저스틴 보노모Justin Bonomo, 다니엘 네그리뉴 Daniel Negreanu가 각각 1~3위로 등재되어 있다. 대중들에게 홀덤을 알린 필 헬무스Phil Hellmuth Jr.는 22위, 프로 게이머에서 포커 플레이어로 전직한 베르트랑 그로스펠리에Bertrand Grospellier는 45위에 랭크되어 있다. 국적이 한국인인 플레이어들만 따로 확인할 수도 있는데, 2020년 10월 현재 필자는 19위에 있다. 프로 게이머로 유명한 임요환 선수는 9위, 홍진호 선수는 20위에 올라 있다. 현재 국내에서 포커 사이트나 블로그, 포커펍, 연구 모임을 이끌고 있는 분들 중에 직접 국제적인 포커 테이블에 앉아보지 않은 아마추어들이 적지 않다. 안타깝지만 그런 분들이 제시하는 전략이나 정보는 국제적인 추세에도 맞지 않고 만인이 공유하는 홀덤 룰과도 일치하지 않는다. 핸돈몹 랭킹에 공식적으로 등재되어 있지도 않으면서 프로 포커 플레이어나 홀덤 전문가 행세를 하면서 관련 서적을 출판하신 용감한(?) 분들도 있는 것으로 안다. 조금이라도 의심스럽거나 플레이어 신상에 관한 정확한 정보를 알고 싶다면 https://www.thehendonmob.com을 검색하면 바로 나온다.

"도박사라뇨? 프로 포커 플레이어라구요!"
"아, 미안해요."

나는 머리를 긁적였다. 나도 모르게 포커와 도박을 등가로 연관시키는 고정관념이 작동했다. 그러다 갑자기 궁금해졌다.

"그런데 포커 플레이어도 프로가 있어요?"

"그럼요. 포커도 바둑이나 체스처럼 당당히 마인드 스포츠에 요."

"마인드 스포츠?"

"네, 북미지역에서는 가장 인기 있는 마인드 스포츠죠. 현재 2028년 LA올림픽에 시범종목으로 채택이 확실시되고 있어요."

헐, 포커가 스포츠라니……. 머리를 망치로 한 대 맞은 느낌이었다. 한 번도 생각해보지 못했던 조합이다. 스포츠라면 몸을 움직여 상대팀과 겨루어 이기는 것만을 생각했는데, 가만히 앉아서 카드를 치는 것도 스포츠가 될 수 있다니……. 그리고 보니 바둑 기사가 최고의 브레인으로 대접받는 한중일 3국의 문화에서 바둑은 어엿한 스포츠 중 하나가 아니던가? 바둑만 하더라도 매해 상금으로 수십억이 오가는 국제 대회가 즐비하고, 그중에 하나의 대회에서만 우승을 해도 국내 매스컴에서 호들갑을 떠는, 누구도 부인할 수 없는 인기 스포츠 중에 하나다. 예전에 체스도 서구에서는 바둑만큼 인기가 있는 스포츠라는 이야기를 들은 기억도 났다. 멍하게 있는 나를 물끄러미 보던 그녀는 커피를 홀짝 마시고 다시 대화를 이끌어갔다.

"포커가 마인드 스포츠라는 건 포커를 해보면 알 수 있어요. 포커는 행운을 확률로 바꾸는 신사적인 스포츠에요. 몸을 쓰는 스포츠가 아닌 머리를 쓰는 스포츠다 보니 바둑 기사나 체스 플레이어, 프로 게이머들 중에서 포커 플레이어를 겸업하는 선수들도 적지 않아요."

"정말요?"

"네, 혹시 스타크래프트 프로 게이머였던 엘키 기억해요?"

"아, 그 말상을 한 프랑스 선수?"

"흐흐, 맞아요. 베르트랑 그로스펠리에. 그 선수도 게이머로 활동하다가 포커 플레이어로 전향한 친구죠. 그 친구가 포커로 그간 얼마를 벌었다고 생각해요?"

나는 '효자 테란' 엘키를 떠올렸다. 사실 국내에서도 활동했던 그의 스타크래프트 전적은 그리 신통치 않았던 것으로 기억한다. 그녀는 다시 휴대폰을 들어 검색을 시작했다. 이윽고 나에게 포커 랭킹에 올라있는 엘키의 프로필을 보여주었다.

"자 봐요. 현재까지 14,664,515달러를 벌었군요."

"이, 이게 우리나라 돈으로 얼만가요?"

"으음……. 한 180억쯤 되겠네요."

"에에?"

나는 깜짝 놀라 하마터면 뒤로 넘어질 뻔했다.

"엘키는 이쪽 분야에선 세계적인 스타예요. 2000년대 중반에 프로 포커 플레이어로 전향해서 유럽 포커 투어인 EPT와 세계 양대 포커 토너먼트 대회인 WPT와 WSOP에서까지 우승을 거머쥐며 그 어렵다는 트리플 크라운을 달성했죠. 스타크래프트에서는 빛을 보지 못했을지 모르지만, 포커로 넘어와서는 말 그대로 넘사벽 스타가 되었죠."

베르트랑 그로스펠리에, 프로 게이머에서 포커 플레이어로 전향해 한마디로 대박을 쳤다.
(출처: google.com)

"그럼 서현 씨는 지금까지 얼마를 벌었어요?"

나는 그녀의 말을 툭 끊고 물었다. 순간 속물이 된 것 같이 느껴져서 얼굴이 뜨거워졌다. 하지만 그녀는 이런 질문조차 예상했다는 듯 미소를 띠었다. 그녀는 당당히 말했다.

"당신에게 게임 칩을 빌려드릴 수 있을 정도는 벌어요."

나는 갑자기 그녀의 모든 것에 호기심이 생겼다. 그녀가 어떻게 프로 포커 플레이어가 되었는지부터 궁금해졌다.

"그럼 마리아…… 아니 서현 씨는 언제부터 포커를 치기 시작한 거예요?"
"궁금해요?"
"네, 그리고 포커를 쳐서 생계를 이어갈 수 있는지도 궁금하네요."

다시 속물처럼 물었다. 그녀는 고개를 돌려 한동안 과거를 회상하듯 창밖을 내다보았다. 그러다 머리를 쓸어 넘기며 천천히 말문을 열었다.

"그러고 보니 이름도 몰랐네요. 이름이?"

"김지석입니다."

"내가 오늘 카지노에서 왜 지석 씨를 잡았다고 생각해요?"

"글쎄요. 잘 모르겠네요."

정말 이유를 몰랐다. 왜 나에게 포커를 해보라고 했는지, 그것도 칩까지 빌려주면서.

"나 역시 지석 씨와 비슷한 계기로 포커에 입문하게 되었으니까요. 사실 난 지석 씨보다 더 초보였죠. 카드는 몇 장인지, 족보에는 어떤 게 있는지 조차 몰랐으니까……."

그녀는 갑자기 옛날 생각이 났는지 피식 웃었다.

"그럼 서현 씨도 나처럼 우연히 카지노장에 들어왔다가?"

"난 좀 달랐어요. 우연히는 아니었죠. 제 생일날 밤새 카드를 치던 남자친구를 찾으러 보드게임 카페에 들어간 거였으니까."

그녀는 말끝을 흐렸다. 쾌활하고 명랑하던 그녀의 눈빛에서 처음으로 쓸쓸함이 비쳤다. 어쩌면 그녀가 떠올리고 싶지 않은 과거인지도 모르겠다 싶어 나는 화제를 돌리기로 했다.

"좋아요. 어쨌든 포커에 대해 알고 싶네요. 대체 그 포커란 건 언제부터 치기 시작한 건가요?"

"포커의 기원은 거의 알려져 있지 않아요. 언제부터 인간이 이런 멋진 게임을 시작하게 되었는지 사실 아무도 모르죠."

나는 그녀의 말을 듣고 이 세상에 존재하는 모든 것들이 사실 다 그렇지 않을까 생각했다. 기원을 알고 있는 게 이상할지도 모른다. 나는 다 식은 커피잔을 들여다보았다. 이 커피도 언제부터 마시기 시작했는지 아무도 모른다. 나는 웨이터를 불러 산미구엘 2병을 주문했다. 맥주가 도착하자 그녀는 계속 설명을 이어갔다.

"카드 게임이 9세기 중국에서 시작되었다고 말하는 이들도 있는데, 대부분의 역사가들은 페르시아의 아스-나스^{As-Nas}라는 게임에서 오늘날의 포커가 나왔다는 데에 대체로 동의해요."

"아스-나스요?"

"그래요. 아스-나스!"

"처음 들어보는군요."

그녀는 씨익 웃었다.

"아는 게 이상하죠. 페르시아어로 아스는 에이스를 뜻해요. 나스는 카드라는 뜻입니다."

"헐. 에이스가 그럼 페르시아 말에서 온 건가요?"

"그렇죠. 에이스를 게임 명칭에 사용할 정도면 그때도 지금만큼이나 에이스가 중요했었나 봐요."

씨익 웃는 그녀의 입가에 보조개가 잡혔다. 어디서 많이 본 듯한 표정이었다.

"아스-나스는 20장의 카드로 된 게임이었대요. 카드 안에는 그림이 그려져 있었는데, 에이스에서 무희에 이르기까지 총 5개의 계급이 각기 4장씩 존재했던 것 같아요."

"흐음……. 오늘날 포커와 매우 흡사한 구조로군요."

"그래요. 각 계급은 높은 족보에 따라 에이스(아스)와 왕(샤), 여왕(비비), 군인(세르바즈), 무희(쿨리)로 이루어졌는데, 이 중에서

포커의 원형으로 알려져 있는 아스-나스
(출처: wikipedia.org)

47

최고로 높은 패를 든 사람이 이기는 단순한 방식으로 진행되었다고 해요."

"그렇다면 포커라는 말은 어디서 유래한 거죠?"

"17세기 프랑스에 포크poque라는 게임이 있었다고 해요."

"스파게티 돌돌 말아먹을 때 쓰는 포크 말인가요?"

예상치 못한 순간에 터진 아재개그에 그녀는 나를 장난기 있게 노려보았지만 도리어 그런 그녀가 예뻐 보였다.

"사람들은 포커가 아일랜드어로 포카poca에서 온 것으로 추정하죠. 이 포카는 독일어 포켄pochen에서 왔죠."

"포켄?"

"독일어로 포켄이 무슨 뜻인지 아세요?"

"음……. 난 제2외국어로 중국어를 배워서……."

나는 머리를 긁적였다. 의외로 그녀의 세련된 독일어 발음에 신선한 충격을 받았다. 포커 플레이어는 세계 대회를 많이 다녀서 독일어도 잘 하나 보다.

"독일어로 '허세를 부리다'는 뜻이라고 해요. 프랑스어로는 브레랑brelan이라고 하는데, 이 브레랑에서 브레깅bragging 또는 블러핑bluffing이라는 영단어가 파생한 거죠."

블러핑

"한 끗인데 5억을 태워?"

블러핑은 포커 게임의 백미이자 가장 중요한 전략에 하나로 꼽는다. 포커 게임에서 자신의 패가 상대방보다 좋지 않을 때, 상대를 기권하게 할 목적으로 거짓으로 강한 베팅이나 레이즈, 혹은 리레이즈를 하는 것을 말한다. 속칭, 공갈 또는 뻥끼, 뻥카친다고 말한다. 블러핑이 게임에서 필요한 이유는 단순히 상대의 칩을 빼앗아 게임을 이기는 데에 있는 것이 아니라, 장기적으로 상대가 내 패를 파악하지 못하도록 연막을 치는 데에 있다. "블러핑이야말로 노-리미트 홀덤 게임에서 최고의 전략이다." 라고 말한 게임 이론의 대가 로버트 오먼Robert Aumann의 말이 바로 그 이유다. 대표적으로 영화 「타짜」에 보면, 고니가 하우스에서 곽철용을 블러핑으로 굴복시키는 대목이 나온다. 화투에서 가장 낮은 패 중에 하나인 한 끗으로 천연덕스럽게 블러핑을 하는 고니에게 곽철용은 영락없이 넘어가고 만다. 곽철용은 분한 나머지 "한 끗? 한 끗인데 5억을 태워?"라고 소리친다. 문제는 블러핑이 너무 잦다보면 자신의 꾀에 스스로 넘어가는 우를 범한다는 것이다. 상대방이 내 블러핑을 알아채는 순간, 게임의 승패는 이미 기울어진 셈이다.

나는 그녀의 설명을 듣고 신선한 충격을 받았다. 카드는 '뻥카', 그러니까 처음부터 허세와 매우 밀접한 관계에 있었다. 포커 게임은 태생적으로 자신의 패를 가지고 상대에게 위세를 부리는 게임이었던 거구나. 개패를 들고 허세를 부리는 게 포커라는 게임의 뼈대가 되는 핵심이라고 생각하니 갑자기 헛웃음이 나왔다.

"예나 지금이나 다를 게 없네요."
"예?"

그녀는 내 말을 자신이 잘못 들은 것처럼 되물었다. 그 어투에는
의외성과 약간의 놀라움이 살짝 묻어 있었다.

"뭐라구요?"

미시시피 강을 오갔던 증기선. 포커 게임이 미국에 뿌리를 내리는 과정에 결정적인 역할을 했다.
(출처: wikipedia.org)

"아니 화투는 꽃들의 전쟁이잖아요? 이름이 얼마나 멋있어요? 그런데 고작 포커는 속임수라는 뜻이라니 조금 실망스러워서요."

나는 앞에 놓인 맥주를 들이켰다. 시원한 맥주가 식도를 타고 흘렀다. 꼬르륵. 어라. 배가 고픈데? 맥주를 마시자 갑자기 잊었던 식욕이 되살아났다. 앞에 놓인 나쵸를 살사소스에 찍어 입으로 털어 넣었다. 우적우적 나쵸를 씹으며 그녀에게 물었다.

"그럼 포커는 유럽에서 시작되었다고 보면 되겠네요?"
"그렇지도 않아요. 포커의 대중화는 1800년대 미국 미시시피 강을 오르내리는 증기선과 무관하지 않으니까요."
"즈, 증기선이요?"

그녀에게서 뜻밖에 증기선을 듣자, 문득 어린 시절 읽었던 『톰소여의 모험』이 떠올랐다.

"네, 증기선이요. 골드러시와 함께 많은 사람들이 증기선을 타고 남부에서 서부로 이동했죠. 이들은 무료함을 제일 싫어했나 봐요. 지친 하루의 마무리를 선술집에 삼삼오오 모여서 함께 포커를 치는 것으로 대신했으니까요."
"그럼 그때부터 포커가 대중화되었다?"
"훗, 성격이 급하시군요."

그녀도 목이 마른지 내 손에 든 맥주를 빼앗더니 시원하게 들이 컸다. 가녀린 턱선을 타고 한 방울의 맥주가 흘러 내렸다.

"전쟁이 포커가 대중화되는 데 1등 공신이었어요. 1861년경, 미국은 한창 남과 북이 나뉘어 전쟁을 벌이고 있었죠. 전장에서 살아남은 군인들이 저녁이면 병영에 모여 스터드 포커를 즐긴 거죠."

"그때라면 남북전쟁 때인가요?"

"네, 군인들은 생사를 넘나드는 전쟁터에서도 짬을 내어 포커를 즐긴 거죠. 어떻게 보면 포커도 작은 전투인 셈이니, 전쟁 속에서 또 다른 전투를 치른 건가요?"

전쟁 속에서 또 다른 전투라……. 멋진 표현이라고 생각되었다.

"전쟁이 끝나고 전우들은 사라졌지만, 포커는 남았죠. 1880년대 이후, 서부 선술집에서는 필수적으로 테이블마다 카드 덱을 구비해 두었죠. 아마 이때쯤이었을 거예요. 스트레이트나 플러시 같은 족보들이 게임에 도입되었던 게."

"크아, 1880년대라면, 족히 140년이 넘은 거네."

이렇게 감탄하고 있을 때, 갑자기 휴대폰이 울렸다. 겐팅 그룹 담당자 첸 씨였다. 아뿔싸. 첸 씨는 호텔에 이미 도착하여 나를 기다리고 있었다. 자리에서 일어나야 했다.

"아쉽네요. 미팅이 있어서 그만 일어나야겠어요."

"지석 씨, 혹시 저녁 시간 있으세요?"

"네? 난 오늘 한국 들어가야 하는데⋯⋯."

"내일부터 주말이잖아요. 회사도 주말에는 쉬지 않나요? 여기서 나머지 얘기도 하면서 이틀 뒤에 들어가요."

그녀의 눈이 반짝거렸다. 나도 모르게 마른침을 꿀꺽 삼켰다.

"지금 나한테 데이트 신청하시는 건가요?"

"풉, 뭐 지석 씨만 괜찮다면, 데이트라고 해두죠."

그녀는 눈을 찡긋했다. 왠지 나도 기분이 썩 나쁘지 않았다. 비행기야 미루면 되고, 내일부터 주말이니 이틀간 시간은 낼 수 있겠다 싶었다. 무엇보다 포커에 대해 궁금한 것들이 마음에서 마구 샘솟듯 일어났다.

"좋아요. 그럼 오늘 저녁 마카파갈에 있는 씨푸드 레스토랑에서 만납시다. 저녁은 내가 낼게요."

★ 아시아 포커의 성지, 마닐라 ★

과거 아시아에서 가장 큰 포커 토너먼트가 열리던 대표적인 곳은 마카오였지만, 2018년 이후 중국 정부가 마카오 현지 포커 토너먼트를 금지하면서 그 대안으로 필리핀 마닐라가 아시아 포커를 대표하는 장소로 급부상했다. 마닐라에서는 여러 대형 호텔에서 포커를 즐길 수 있도록 다양한 행사를 마련하며 관광객들을 끌어 모으고 있다. 현재 1년 365일 토너먼트를 즐길 수 있을 정도로 현지에 포커의 인기가 높아졌고 세계적인 대회도 꾸준히 열리고 있다.

2014년 10월에는 마닐라에 위치한 솔레어호텔Solaire Resort & Casino 내 그랜드볼룸에서 아시아 최초로 WPT가 개최되었으며, 2014년 12월에는 포커스타즈 라이브

매년 국제 포커 대회가 열리고 있는 솔레어 호텔(좌)과 오카다 호텔(우)
(출처: wikipedia.org)

가 마닐라 시티오브드림호텔^{COD Hotel} 카지노에도 들어서면서 연간 10회가 넘는 포커 토너먼트가 개최되었다. 현재는 마닐라 오카다호텔^{Okada Hotel} 카지노로 옮겨 계속해서 APPT를 비롯한 포커스타즈 대회들이 개최되고 있다. 마닐라에 위치한 리조트월드호텔^{Resort World Hotel} 카지노에서도 APT가 개최되는 등 필리핀 마닐라는 아시아 포커 투어의 성지로 거듭나고 있다.

마닐라에는 카지노 포커룸 외에도 필리핀 정부의 승인을 받고 합법적으로 운영되는 전용 포커룸들도 있는데, 올티가스 지역에 위치한 메트로 포커클럽, 말라떼 지역에 위치한 마스터 포커클럽, 마카파갈 지역에 위치한 지지 포커클럽 등이 대표적이다. 포커에 관심이 있는 분들이라면 한번쯤 방문해도 좋을 듯하다. 대부분의 포커클럽에서는 점심 무렵부터 아침까지 누구라도 자유롭게 포커를 즐길 수 있다.

Solaire Resort & Casino
Kalakhang Maynila, Parañaque, 1 Asean Avenue Entertainment City 1701 Manila, Philippine

City of Dream Hotel
Asean Avenue corner Roxas Boulevard, Entertainment City, 1701 Manila, Philippine

Okada Hotel
New Seaside Dr, Tambo, Parañaque, 1701 Manila, Philippine

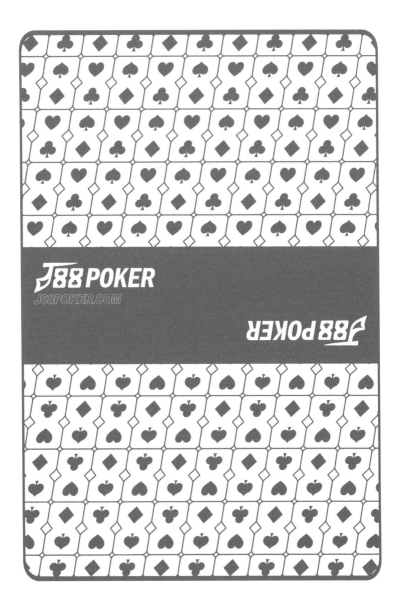

03

첸 씨와의 미팅을 허겁지겁 끝내고 나는 해가 질 무렵, 호텔에서
택시를 잡아 마카파갈로 향했다. 마닐라의 교통체증은 악명 높기
로 유명하다. 도로를 점령한 차들로 이미 사방이 주차장을 방불케
했다. 사실 미팅 내내 포커 생각에 미팅에 집중할 수 없었다. 떨쳐
내려 해도 자꾸 떠오르는 그녀의 말이 나의 생각을 지배했다.

"기회는 번개처럼 두 번 같은 곳에 떨어지지 않아요."

서둘러 도착한 레스토랑에는 이미 그녀가 2층 창가에 자리를 잡
고 기다리고 있었다. 점심때와는 다른 흰색 원피스에 챙이 긴 모자

를 쓰고 앉아 있는 그녀의 모습을 멀리서 보고 문득 매력적인 여자라는 생각이 떠올랐다. 그녀는 창가에서 나를 발견하고는 웃으며 손을 흔들었다. 왠지 이국땅에서 묘령의 아가씨와 데이트를 하고 있다는 생각에 아까와는 다른 설렘과 흥분이 느껴졌다. 포커에 대한 대화를 나눌 생각에 흥분하는 건지, 그녀를 보고 싶다는 생각에 흥분하는 건지 구분이 잘 가지 않았다.

레스토랑 안은 필리핀 현지 고급식당에서 볼 수 있는 중국풍 인테리어로 꾸며져 있었고, 격조 있는 원목들로 만들어진 테이블이 그 안을 빼곡히 채우고 있었다. 유명한 식당이라 그런지 실내는 이미 사람들로 만원이었다. 향긋하고 알싸한 마라롱샤 냄새가 코끝을 기분 좋게 자극했다. 나는 그녀가 기다리는 2층으로 올라갔다. 올라가면서 무슨 이야기로 대화를 시작할지 생각했다.

"어서 오세요. 비즈니스 미팅은 잘 끝났나요?"
"네, 덕분에."

밝게 웃는 그녀의 얼굴을 바라보았다. 조명을 받아서인지, 화장을 고쳐서인지 그녀의 눈매가 더욱 도드라져 보였다. 우리는 저녁 메뉴로 마라롱샤와 왕새우튀김, 중국식 요리들과 산미구엘 맥주를 시켰다. 음식이 나올 때를 기다리며 그녀가 이야기를 이어갔다.

"아까 어디까지 이야기를 했었죠?"

"증기선?"

그녀와 나는 한동안 말없이 서로를 바라보다가 와하하 웃음을 터트렸다.

"맞아요. 증기선."

"뿌뿌……."

흥분한 나머지 나는 오른손을 주먹을 쥐고 위에서 아래로 당기며 기적 소리까지 냈다.

"미시시피 강을 오가던 증기선은 미국의 서부 개척과 맞물려 포커의 대중화를 이끄는 상징이 되었어요. 유럽에서 왕의 궁정을 중심으로 즐기던 귀족들의 게임인 포커가 신대륙으로 건너오면서 선술집에서 마주하는 서민들의 놀이로 정착한 거죠."

"그럼 카지노에서 포커 게임을 하는 것도 다 여기서 유래한 건가요?"

"아까 카지노에서 봤던 포커 게임이 바로 홀덤이라는 게임인데, 오늘날처럼 커뮤니티 카드가 사용되기 시작한 시점은 대략 1925년 무렵으로 추정해요."

"커뮤니티 카드라면……."

"맞아요. 아까 테이블 위에 펼쳐져 있었던 3장의 카드!"

"아하, 모든 플레이어가 공통으로 이용할 수 있다는?"

"빙고!"

그녀는 신이 나서 홀덤을 설명하기 시작했다.

"지석 씨가 보았던 게임이 바로 텍사스 홀덤Texas Hold'em이에요. 세계적으로 가장 인기 있고 대중적인 포커 게임 중 하나죠. 포커의 역사에서 텍사스는 홀덤의 발상지나 다름없죠. 마라톤이 그리스 아테네에서, 프로야구가 미국 신시네티에서 시작되었다면, 홀덤은 단연코 텍사스에서 시작되었어요."

"왜 하필 텍사스에서 시작되었죠? 미시시피에서 시작되어야 하는 거 아닌가요?"

"심호흡 한 번 하세요. 이제부터 무시무시한 이야기를 시작할 거니까요."

"엥? 무시무시한 이야기?"

그녀의 입가에는 이유 모를 야릇한 미소가 지어졌다.

"네, 바로 갱단들의 이야기니까요."

"헉, 갱단이요?"

"19세기 스코틀랜드에서 사냥견으로 개발된 리트리버라는 견종도 래브라도와 골든리트리버로 나뉘는 것처럼, 홀덤도 경기 방식과 구조에 따라 크게 3가지 방식으로 나뉘죠. 리미트 홀덤과 노-리미트 홀덤, 그리고 팟-리미트 홀덤이 그것들이에요."

"다들 처음 들어보네요."

"각기 베팅 금액에 걸린 규정 때문에 생긴 분류들이니 곧 아시게 될 거예요. 홀덤은 1900년대 초반 미국 텍사스 주 롭스타운Robstown이라는 작은 마을에서 시작되었어요. 당시 텍사스 지역에서 활약

텍사스 홀덤

포커 게임의 캐딜락으로 불리는 텍사스 홀덤은 1970년 1회 WSOP를 시작으로 전 세계에 유행처럼 번진 마인드 스포츠다. 본래 이보다 더 이른 시기부터 해오던 게임이긴 하지만, WSOP가 텍사스 홀덤을 오늘날의 위치에 올려놓은 장본인이다. 5장의 커뮤니티 카드와 2장의 홀 카드를 가지고 최종 5장의 족보를 만드는 포커 게임으로, 종류로는 리미트 홀덤, 노-리미트 홀덤, 팟-리미트 홀덤으로 나뉜다. 이 중에서 베팅에 제한이 없는 노-리미트 홀덤을 보통 텍사스 홀덤이라고 부른다.

첫 WSOP 메인이벤트에는 참가자가 7명이었고, 해를 거듭하면서 참가 선수가 조금씩 늘어나 1975년에는 21명, 1980년에는 73명이 참가했다. 2000년대에 스포츠 TV채널인 ESPN에서 홀덤 경기를 중계하기 시작하고, 2003년 회계사 출신의 일반인 크리스 머니메이커가 839명이 참가한 메인이벤트에서 250만 달러의 상금과 함께 우승하면서 텍사스 홀덤은 새로운 전기를 마련했다. 현재는 매년 1만 명에 가까운 참가자가 함께하고 있으며, 우승 상금은 대략 천만 달러(한화로 약 120억 원)에 달한다.

하던 갱단들 사이에서 자잘한 베팅 대신 액수의 제한을 두지 않는 노-리미트No-Limit 방식으로 진행되던 게임이 오늘날 텍사스 홀덤의 모태가 된 거죠."

"노-리미트?"

"네, 한마디로 제한(리미트)이 없다(노)는 거죠. 한 방에 내가 가진 전부를 올-인할 수도 있는 무지막지한 방식이죠."

"헉, 갱단답네요."

나는 마른침을 삼켰다.

"그렇다고 노-리미트 방식의 홀덤이 처음부터 인기가 있었던 것
은 아니에요. 무식한(?) 베팅 방식 때문에 처음에는 대중들이 외면

텍사스 홀덤의 발상지와도 같은 골든너겟 카지노
(출처: google.com)

했죠. 그러다가 1967년 홀덤이 대중적인 게임으로 거듭나게 된 결정적인 계기가 찾아왔어요. 미국 네바다 주 라스베이거스 골든너 겟Golden Nugget이라는 카지노에 소개되면서 홀덤은 새로운 관심을 받았죠."

"흐흐, 역시 홀덤과 카지노는 떼려야 뗄 수 없는 관계군요."

그녀는 다시 한 번 씨익 웃었다.

"그렇죠. 그러다가 1970년, 베니Benny와 잭 비니언Jack Binion이라는 사람이 라스베이거스의 호슈Horseshoe 카지노에서 공식적인 홀덤 시합을 개시하면서 텍사스 홀덤은 본격적으로 전국적인 포커 게임으로 거듭났어요. 1970년, 이 해를 잊지 마세요."

"왜죠?"

"이 해가 바로 텍사스 홀덤이 정식으로 시작된 원년이니까요."

"1970년이라……. 지금으로부터 딱 50년 전이네요."

나는 마음속으로 1970년을 되뇌며 끄덕거렸다. 이때 주문했던 음식이 나왔다. 종업원은 먹음직스러운 마라롱샤와 각종 음식, 맥주를 테이블 위에 두고 사라졌다. 나는 그녀와 맥주잔을 부딪치며 건배를 했다. 생각해보니 호텔에서 조식만 먹고 하루 종일 점심도 건너뛴 채 식사를 하지 못했다. 음식을 보니 갑자기 허기가 밀려왔다.

"먹으면서 이야기해요."

"그럴까요?"

우리는 비닐장갑을 끼고 마라롱샤를 우걱우걱 맛있게 먹었다. 얼음잔에 따라 마시는 산미구엘은 식사를 더욱 만족스럽게 만들었다. 식사를 하면서 나는 그녀가 현재 안양에 살고 있으며 1년에 200일 이상은 해외 카지노를 돌면서 포커 대회에 참가하고 있다는 사실을 알았다. 게다가 그녀는 한국기원에서 연구생으로 바둑을 배우면서 십대 시절을 보냈다고 했다. 프로기사로 입단을 코앞에 두고 무슨 이유에선지 바둑을 접은 것이다.

"후회하지 않아요?"

그녀는 다시 알쏭달쏭한 표정을 지었다. 잠시 후 그녀는 아리송한 말을 했다.

"인생은 우연을 가장한 필연으로 가득 차 있어요. 내가 바둑을 그만 둔 것도, 포커 선수로 살아가는 것도, 이렇게 낯선 나라에서 지석 씨를 만난 것도 사실 우연이 아니라 필연이죠."

"……."

"우리 다시 호슈 카지노에서 벌어진 이야기로 돌아가죠."

"그, 그럴까요?"

잭 비니언, 그를 빼놓고 홀덤의 역사를 말할 수 없다.
(출처: google.com)

"네. 1970년 첫 대회가 열린 시점이 텍사스 홀덤의 원년이 되었죠."

"1970년이라면, 사실 그렇게 오래된 것도 아니네요?"

"그렇죠. 그 대회를 열었던 베니 비니언은 잭 비니언의 아버지였고, 베니는 당시 텍사스에서 활동하던 유명한 갱단의 두목이었어요."

"헐……."

"잭은 그 역사적인 첫 대회를 일컬어 거창하게 월드 시리즈 오브 포커World Series of Poker, 즉 간단히 줄여서 WSOP라고 불렀죠. 이렇게 2019년 작년에 50주년이 되는 세계적인 대회가 시작된 거죠. 당시 1회 대회 참가자는 달랑 7명뿐이었어요. 초창기 텍사스 홀덤의 인기를 알 만하죠?"

"그럼 그때부터 노-리미트로?"

"그렇죠. 이때 메인이벤트를 노-리미트 홀덤으로 진행하면서 이후 이 방식이 대회의 자랑스러운 전통이 되었죠. 텍사스 홀덤이라는 전통도 모두 여기서 시작된 거예요. 그러던 WSOP가 이제는 메인이벤트 참가자만 8천여 명을 훌쩍 넘기는 세계 대회로 성장했으니 대단하다는 말밖에 다른 표현이 없죠."

히어로들의 시대

1970년 WSOP 1회 대회 우승자는 자니 모스였다. 그 역시 텍사스를 대표하는 갱이었는데, 포커에 대한 애정과 실력에 있어서만큼은 당대 최고였던 것 같다. 2회, 5회 대회를 연이어 우승하면서 1979년 포커 명예의 전당에도 올랐다. 비니언말고도 텍사스 홀덤이 라스베이거스에 뿌리를 내릴 수 있게 활약했던 인물 중에는 크랜델 에딩턴Crandell Addington도 있었다. 모스와 함께 1회 대회부터 꾸준히 WSOP에 참석했고, 비록 우승은 못했으나 여러 번 준우승을 하면서 그 역시 포커 명예의 전당에 이름을 올렸다. 이후 꾸준히 세계적인 대회로 성장하던 WSOP는 80년대에 접어들면서 또 한 명의 위대한 포커 플레이어를 탄생시켰다. 1987년과 88년 2년 연속으로 우승한 중국계 미국인 자니 챤Johnny Chan이 바로 그였다. 백인들이 즐비한 포커계에 아시아계 플레이어 최초로 세계 대회를 연패한 그는 '오리엔탈 익스프레스'라는 별명답게 매우 공격적이고 저돌적인 베팅으로 상대 플레이어들을 압도하는 전략을 선보였다. 급기야 1989년 3연패를 노리던 챤의 우승을 저지한 선수는 신성 필 헬무스였다. 24살의 나이로 우승을 거머쥔 헬무스 역시 2007년 포커 명예의 전당에 올랐다. 이때까지 홀덤은 진정 몇몇 전설적인 히어로들의 시대였다.

나는 점차 그녀가 말하는 포커의 세계에 빠져 들어갔다. 도박꾼들이 돈내기로 하는 게임정도로 생각했는데, 그녀가 소개해준 홀덤은 그야말로 신세계였다. 나는 아무 말 없이 창밖을 내다보았다. 사람들이 바삐 지나가는 거리 사이로 현란한 네온사인이 점멸하고 있었다. 길거리에서 스낵을 파는 노점상, 화려한 레스토랑들과 KTV, 이국적인 모습을 보면서 왠지 어제와 다른 모습으로 세상이 눈앞에 펼쳐지는 느낌이 들었다. 그녀는 천천히 말을 이어갔다.

"아마 이렇게 끝났다면 텍사스 홀덤은 오늘 같은 인기를 구가하지 못했을 거예요."

"그게 무슨 말이죠?"

"무엇이든 임계점이 존재하죠. 텍사스 홀덤에도 임계점이 필요했어요."

"임계점?"

"2003년 크리스 머니메이커Chris Moneymaker가 바로 그 임계점이었어요. 전문 포커 플레이어가 아니라 평범한 회계사 출신이면서 WSOP 메인이벤트에서 우승하면서 홀덤이 세계적인 마인드 스포츠로 인기를 얻게 만들었어요."

"머니메이커라……."

"21세기 홀덤의 인기를 언급하면서 그를 빼놓고 말한다는 것은 상상할 수도 없을 거예요. 우승하기 전까지 철저히 무명이었던 그가 당당히 대회 우승 트로피를 거머쥐자, 고작 800여 명에 불과했던 대회 참가자가 이듬해 3배가량 폭등하는 특수를 누렸으니까요. 인기가 얼마나 대단했으면 항간에 '머니메이커 효과'라는 말이 나돌 정도였죠."

그녀는 조금 흥분해 있었다. 아니, 상기된 그녀의 얼굴에서 묘한 감정을 느낄 수 있었다. 나는 그녀의 이야기를 들으면서 덩달아 호기심이 느껴졌다. 머니메이커, 머니메이커······. 이름마저 절묘하다! 흔히 이름대로 산다는 말이 있다. 그래서 그는 얼마를 벌었을까? 갑자기 궁금해졌다.

"그래서 머니메이커라는 사람은 우승해서 대체 얼마를 벌었나요?"

그녀는 심호흡을 했다.

"놀라지 마세요. 자그마치 250만 달러! 한화로 대략 30억쯤 되죠."
"와우. 로또네, 로또!"

그녀는 갑자기 내 앞에서 의기양양해졌다. 나는 입이 다물어지지 않았다. 내 표정을 살피던 그녀는 설명을 이어갔다.

2000년대 초반 WSOP의 성장을 이끌었던 좌청룡 우백호. 머니메이커(좌)와 레이머(우).
마치 옆집 아저씨 같은 푸근함이 느껴진다.(출처: wikipedia.org)

"하지만 그건 시작에 불과했어요. 다음 해 코네티컷 주에서 살던 변리사 그렉 레이머Greg Raymer가 대회를 우승하며 그 2배인 500만 달러를 받았으니까요."

"예?"

귀를 의심했다. 500만 달러면 60억?

"머니메이커에 이어 2년 연속 전문 포커 플레이어가 아닌 일반인 출신이 우승하는 대이변이 일어난 거예요. 머니메이커는 우연히 파티포커partypoker.com라는 온라인 사이트에서 참가비로 고작 45

달러를 내고 대회 메인이벤트에 참가할 수 있는 자격을 획득했죠. 5만 원을 내고 30억 원을 번 셈이니 대단히 성공한 투자 아닌가요?"

나는 갑자기 헛웃음이 나왔다.

"하지만 텍사스 홀덤이 마인드 스포츠로써 오늘날의 인기를 구가하게 된 데에는 단순히 플레이어들의 힘만으로는 역부족이었어요. 뭔가 사회 구조적인 역할이 필요했는데, 그때 바로 등장했던 것이 중계방송이었어요."
"아니 텍사스 홀덤이 TV에서 중계도 된다구요?"

머니메이커 효과

이전이 히어로들의 시대라면 2000년대는 일반인들의 시대라고 볼 수 있다. 2003년 대회에서 우승한 크리스 머니메이커와 2004년 대회에서 우승한 그렉 레이머는 모두 포커를 직업으로 하지 않았던 일반인 출신이었다. 우승할 당시, 머니메이커는 회계사, 레이머는 변리사라는 별도의 직업을 가지고 있었다. 또한 이들 모두 온라인 포커 사이트에서 오프라인 메인이벤트 초청장을 받아서 참가했다는 공통점을 가지고 있다. 이들이 2000년대 홀덤의 인기를 굳건히 뒷받침하면서 이후 온라인 포커 사이트의 인기와 성장에 촉매 역할을 했다. "크기가 알맞은 지렛대만 있다면 지구도 들어 올릴 수 있다."고 선언했던 그리스의 철학자 아르키메데스처럼 머니메이커는 홀덤을 새로운 차원으로 들어 올린 지렛대와 같은 역할을 했다. 이를 두고 업계 안팎에서 '머니메이커 효과'라는 말이 회자되었다.

"네, 중계되다마다요. 미국에서는 아마 슈퍼볼 다음으로 가장 인기 있는 스포츠 중계방송 중 하나로 꼽힐 걸요?"

갑자기 홀덤이 새로운 스포츠라는 생각이 들었다. 사람들의 편견은 무섭다. 자기가 알고 있는 범위, 딱 거기까지만 생각하기 때문이다. 하지만 e-스포츠를 한 번 생각해보라. 10년 전만 하더라도 온라인 게임 하나로 전 세계에 리그가 생기고 프로 선수층까지 만들어질 거라고 상상이나 했는가?

"포커 토너먼트의 양대 산맥인 WSOP와 WPT가 앞에서 견인했고, 전 세계 온라인 포커 사이트와 여러 대중매체들, 방송사들, 게임업체들이 뒤에서 밀었죠."
"자, 잠깐만요. 그러니까 텍사스 홀덤의 성공에는 온라인 게임업체의 힘도 컸다는 건가요?"
"네, 맞아요."

나는 이해가 가지 않았다. 카지노 포커룸과 온라인 포커 사이트는 서로 고객을 빼앗으려는 경쟁관계처럼 느껴졌기 때문이다.

"좀 이해가 가질 않네요. 언뜻 생각하면, 온라인 게임 사이트는 홀덤 대회와는 서로 경쟁관계일 것 같은데, 실제로는 꼭 그렇진 않은가 보네요."

"네, 그렇게 생각할 만도 해요. 하지만 온라인 포커 사이트와 WSOP 같은 홀덤 행사는 서로 공생관계와도 같다고 보면 돼요."

"공생관계요?"

"네, 공생관계요."

"아무리 그래도 집에서 애 어른 할 거 없이 모두 다 시청하는 공중파 TV에 포커 게임이 중계된다는 건 쇼킹하네요, 쩝."

나는 머리를 긁적이며 입맛을 다셨다.

"사실 홀덤이 TV에 중계되기 시작한 것은 1970년대부터였죠. 우리나라에 프로야구 중계가 시작되기도 전이예요. 미국에서는 포커 게임을 마인드 스포츠로 받아들이고 오래전부터 중계를 해왔기 때문에 대중들은 포커 중계에 별 거부감이 없어요."

"기회가 되면 한 번 보고 싶네요."

"우리에겐 시간이 많으니까 언제든지 볼 수 있죠. 유튜브에 홀덤만 쳐봐도 중계 영상이 쏟아져 나오니까요."

그녀는 미국에서 포커 중계가 대중화된 데에는 사회적 인식이 성숙해지는 것 이외에 다른 기술적인 요소도 무시할 수 없었다고 말했다. 2000년대가 되면서 리얼 버라이어티 중계 기술이 혁신적으로 발달하고 쇼비즈니스 측면을 살린 카메라 워킹이 대중화되면서 포커 게임 중계가 하나의 트렌드가 되었다는 것이다. 게다가 항

73

상 새로운 오락거리에 목말라하던 대중들의 욕구도 한몫했음은 말할 나위가 없다.

"런닝맨이나 무한도전처럼 리얼 버라이어티가 따로 없어요. 우선 테이블 아래 카메라가 달리면서 커뮤니티 카드에 어떤 패가 들어왔는지 TV 시청자들이 볼 수 있게 되었죠. 시청자들은 화면에서 형편없는 패로 얼굴에 철판을 깔고 천연덕스럽게 블러핑을 하는 선수들을 보면서 울고 웃었으며, 턴과 리버가 펼쳐지며 기울어졌던 승패가 한 번에 뒤집어지는 반전을 보며 짜릿한 스릴을 느꼈죠. 한 편의 각본 없는 드라마라고 할까요?"

"잠깐만요? 턴은 또 뭐고, 리버는 또 뭐죠?"

급히 그녀의 말을 끊었다. 그녀는 아무 말 없이 자기 앞에 놓여 있던 맥주를 벌컥벌컥 마셨다. 잔을 비우자 그녀는 아무 말 없이 눈짓으로 나 역시 맥주를 비우라고 했다. 떠밀리듯 나는 맥주잔을 비웠다.

"자, 다 마셨으니, 우리 자리를 옮길까요?"

"어디로요?"

"바로 근처에 내가 아는 포커룸이 있어요. 우리가 가면 VIP룸을 내줄 거예요."

"아니 얼마나 자주 갔으면 VIP가 되셨어요?"

나는 약간 놀라서 말했다. 하지만 그녀는 내 질문에 대답하지도 않고 테이블 위에 놓인 계산서를 낚아챘다.

"이건 내가 낼게요. 따라와요."

온라인 포커 사이트의 출현

홀덤의 인기에는 TV 중계 외에 온라인 포커 사이트의 등장도 결정적 요인으로 작용했다. 1997년, 랜디 블루머Randy Blumer가 플래닛포커라는 온라인 포커 사이트를 개설하며 그 이듬해 본격적인 홀덤 게임 서비스를 시작한 것이 계기가 되었다. 온라인 게임마저 생소하던 당시 인터넷에 포커룸을 개설하여 실제 게임을 런칭한 블루머의 혜안은 오늘날 온라인 포커 시장의 규모와 성장세, 확장성, 잠재적인 가치를 미루어 볼 때 역사적으로 대단히 중요한 첫걸음이었다고 할 수 있다.

2000년대 들어서며, 앞서 말한 머니메이커를 위시한 여러 세계적인 플레이어들이 온라인 포커 사이트의 정식 후원을 받으면서 온라인 시장이 기하급수적으로 늘어나게 되었고, WSOP의 등용문 역할을 하고 있다. 현재 가장 많은 회원을 보유하고 있는 사이트는 단연 포커스타즈일 것이다. 특히 이 사이트는 일정한 참여 이벤트를 통해 오프라인 토너먼트에 참가할 수 있는 초청장을 제공하는 전략으로 많은 회원들을 확보했다. 비록 2011년 소송에 휘말리며 지금은 미국 내 신규 회원을 모집하지 못하지만, 여전히 온라인 포커 게임 시장에 가장 유력한 사이트의 하나로 꼽힌다. 그 뒤를 파티포커와 풀틸트 같은 업체들이 열심히 뒤쫓고 있는 형국이다. 아시아를 대표하는 포커사이트들 중에는 GG포커와 J88포커 등이 있다.

것샷 스트레이트 드로우gutshot straight draw

1장만 뜨면 스트레이트가 되는 경우를 스트레이트 드로우라고 말하며, 중간에 1장이 빠진 것을 특히 것샷 스트레이트 드로우라고 말한다. 예를 들어, 6, 7, 9, 10을 들고 8을 기다리는 경우가 여기에 해당한다.

겟 풀 밸류get full value

자신이 이길 확률과 비교하여 가장 높은 액수로 베팅, 레이즈, 리-레이즈 하는 것을 말한다. 자신의 현재 핸드가 가지는 가치의 최대치를 베팅하는 것을 일컫는다.

넛nut

커뮤니티 카드와의 조합으로 랭킹이 가장 높은 최고의 핸드를 지칭한다. 현재 커뮤니티 카드로 무조건 승리하는 핸드를 일컫는다.

넛 플러시 드로우nut flush draw

미완성 상태지만 앞으로 커뮤니티 카드에 1장만 같은 무늬가 더 뜨면 넛 플러시가 되는 경우를 일컫는다.

넛 플러시^{nut flush}

플러시 중 최상의 플러시를 만들었을 경우를 일컫는다.

니어 넛^{near nut}

엄밀히 말해 넛은 아니지만 넛에 버금가는 최고의 핸드를 일컫는다. 일예로, A-A를 들고 있는데, 커뮤니티 카드가 A, K, K, 9, 3이 깔렸다면, A-A는 하이 카드로 풀하우스를 메이드했기 때문에 니어 넛인 셈이다. 이때 상대가 K-K을 들고 있다면, 상대방은 포카드가 되기 때문에 이길 수 없다.

더블 업^{double up}

플레이어가 올-인을 한 게임에서 승리하여 단 한 판으로 칩을 2배로 늘리는 상황을 일컫는다.

데드 머니^{dead money}

폴드한 플레이어가 폴드하기 전까지 베팅한 돈을 말한다. 이 돈은 회수할 수 없다.

도미네이트^{dominate}

홀덤에서 비슷한 2개의 핸드가 있어 그 중 한 핸드가 이길 확률이 압도적으로 높을 때를 일컫는다. 예로 A-Q는 A-8을 압도한다. 즉 이 말은 A-8이 이기려면 상대에게 Q가 나오지 않으면서 내가 8이 나와야 하거나, 스트레이트 혹은 플러시 등 더 높은 랭킹을 만들어야 하므로 이길 확률이 매우 낮다.

드로우^{draw}

완성되지 않은 핸드를 총칭하는 용어로 커뮤니티 카드에 좋은 카드가 나와 지금의 핸드가 좋아지기를 바라는 것을 말한다. 한 장만 더 나오면 스트레이트가 되는 상황을 스트레이트 드로우, 한 장만 더 나오면 플러시가 되는 상황을 플러시 드로우라고 한다.

드로우 아웃draw out

상대가 커뮤니티 카드로 드로우에 성공하는 바람에 게임에서 패하게 될 때를 일컫는다.

드로잉 데드drawing dead

어떤 카드가 나온다 하더라도 그 판을 이길 수 없게 된 상황을 일컫는다.

라운더스rounders

프로 포커 플레이어를 총칭하는 말로 레귤러regular라고 부르기도 한다. 보통 리얼 머니로 진행되는 판돈이 낮은 포커 테이블에서 지속적으로 이겨서 돈을 마련하는 사람을 일컫는다.

록rock

굉장히 타이트하고 보수적으로 플레이하는 플레이어를 일컫는 용어이다.

랭크rank

카드의 족보를 보통 일컫는다.

레기드 플롭ragged flop

아무에게도 도움이 되지 않는 플롭 카드를 일컫는다. 턴이나 리버 카드에서 아무에게도 도움이 되지 않는 카드는 블랭크blank라고 한다.

레이 다운lay down

심각한 상황에서 강한 패를 가지고도 폴드하는 경우를 일컫는다.

레이즈raise

앞의 플레이어가 판돈을 베팅한 것을 받고, 거기에 추가로 더 베팅하는 것을 일컫는다. 강원랜드 리미트 홀덤에서는 한 베팅에 최대 3~4번까지만 가능하지만, 레이즈 한도를 없앤 노-리미트 룰에서는 횟수의 제한이 없다.

레이트 포지션late position

얼리 포지션early position과 반대되는 개념으로 베팅 위치가 뒤쪽인 경우를 일컫는다. 딜러 버튼dealer button 위치는 레이트 포지션 중에서도 가장 뒤쪽에 놓인다. 그 바로 앞 포지션을 컷오프cutoff라 부르고 그 바로 앞 포지션은 하이잭hijack이라고 한다.

레인보우rainbow

플롭 카드를 비롯하여 보드에 깔린 커뮤니티 카드들이 제각기 다른 무늬일 때를 일컫는다.

롱-핸디드long-handed

7명 이상이 참가한 게임을 일컫는다. 6명 이하인 경우에는 숏-핸디드short-handed라고 한다.

루즈 플레이loose play

핸드가 별로 좋지 않을 때도 폴드하지 않고 자주 게임에 참여하는 플레이를 일컫는다. 이와 반대로 어지간히 좋은 핸드가 아니면 게임에 들어오지 않는 플레이를 타이트 플레이tight play라고 한다.

리-드로우re-draw

드로우에 성공한 상대보다 더 높은 것을 드로우하는 경우를 일컫는다. 예를 들어, 내가 Q-Q를 들고 플롭에 Q, J, 3이 깔려 쓰리카드(트리플)를 완성한 경우, 상대방이 턴에서 플러시를 드로우하여 역전시켰는데, 리버에서 다시 3이 나와 풀하우스가 되면서 재역전했을 때에 해당한다.

리-레이즈re-raise

레이즈한 상황에서 또 다시 레이즈한 경우를 일컫는다.

리버river

마지막에 떨어지는 5번째 커뮤니티 카드를 일컫는다.

림프 인limp in

플레이어가 프리-플롭 상태에서 베팅이나 레이즈를 하지 않고, 빅 블라인드 액수를 콜하면서 게임을 계속하는 것을 림프 인이라고 하며, 그런 플레이를 하는 플레이어를 림퍼limper라고 한다.

링게임ring game

토너먼트 방식이 아닌 일반적인 포커 게임을 일컫는다.

매니악maniac

매우 공격적인 플레이어를 부르는 말로 굉장히 많은 핸드로 플레이하며, 레이즈나 블러핑도 자주하는 스타일을 일컫는다.

먹muck

보통 버려진 카드들을 모아 놓은 곳을 지칭하며, 폴드하면서 손에 있는 핸드를 버리는 것을 머킹이라고 한다.

스키는 넘어지는 법부터 배우듯,
홀덤은 폴드하는 법부터 배워야 한다.

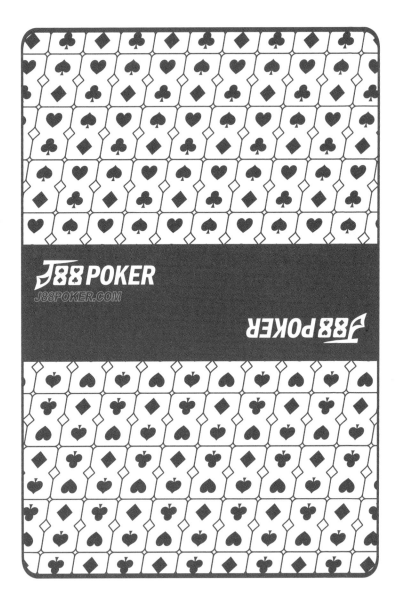

04

시내에 위치한 포커룸으로 가는 길에 좋던 날씨가 갑자기 꾸물 꾸물하더니 이윽고 비가 내리기 시작했다. 추적추적 내리는 비를 와이퍼는 연신 닦아내기에 바빴다. 그녀와 함께 택시를 타고 돌아 오는 길에 속이 더부룩했다. 저녁이 아무래도 얹힌 것 같았다. 그 녀는 양미간을 찌푸리며 여러 번 나의 상태를 물어보았다. 나는 콜 라 한 잔 마시면 괜찮아질 거 같다고 그녀를 안심시켰다. 그러나 결국 포커룸에 도착하자마자 저녁에 먹었던 음식을 보기 좋게 게 워냈다. 그녀는 뒤에서 등을 톡톡 두들겨 주었다.

"미안해요. 오늘 몸이 좀 안 좋은 거 같아요."

"비도 오고 날씨가 추워졌어요. 어서 들어가요."

문제는 그때부터 시작되었다. 포커룸에 들어가자 이유를 알 수 없는 한기가 몰려왔다. 아무래도 몸살인 것 같았다. 어쩔 수 없이 우리는 근처에 위치한 그녀의 호텔로 이동했다. 그녀가 건네준 약을 먹고 화장실 욕조에 뜨거운 물을 받아 목욕을 했다. 뜨거운 욕조 안에 들어가 있으니 몸이 좀 풀리는 것 같았다. 몸이 노곤노곤하면서 스르르 졸음이 쏟아졌다. 똑똑똑. 화장실 밖에서 그녀가 문을 부드럽게 두들겼다.

"좀 괜찮아요?"
"네, 덕분에 많이 좋아졌어요."
"다행이에요."
"고마워요."
"와인 한 잔 해요."

그녀는 속살거리듯 화장실 문틈에 대고 말을 걸어왔다. 그렇게 따뜻한 목욕 뒤에 그녀와 마주 보고 앉아 와인을 한 잔 했다. 와인이 들어가자 몸이 확 풀리면서 뜨거워지는 것을 느낄 수 있었다. 아까 저녁을 게워내서 그런지 갑자기 허기가 졌다. 나는 테이블 위에 놓인 과일을 허겁지겁 먹었다. 그녀는 그런 나를 물끄러미 바라보고 있었다. 당이 들어가니 술이 깨면서 정신이 번쩍 들었다. 이

윽고 주변 사물이 하나씩 눈에 들어오기 시작했다. 그녀는 눈부시
게 하얀 실크 블라우스를 입고 있었다.

우리는 다시 호텔을 나와 포커룸으로 들어갔다. 포커룸에 당도
하자, 그녀를 알아본 지배인은 능숙하게 우리를 별도의 방으로 꾸
며진 VIP룸으로 안내했다. 방 중앙에는 포커 테이블이 놓여 있었고
중앙에는 카드 한 벌이 있었다. 나는 그녀에게 물었다.

"아까 하던 이야기를 계속하죠."
"어디까지 이야기했죠?"
"온라인 포커 사이트가 인기를 끌게 되었다······."

그녀는 카드를 집어 들고 테이블 위에 천천히 펼쳤다. 한쪽에 간
단한 스낵과 냉장고에서 꺼낸 2개의 소프트드링크 캔도 놓았다. 그
녀의 얼굴은 진지했다.

"그럼 거기부터 이야기를 이어가죠."
"온라인 포커 사이트 인기가 그렇게 대단한가요?"
"그럼요. 온라인 포커 사이트는 홀덤을 세계적인 스포츠의 위상
으로 올리는 데 결정적인 기여를 했죠."
"그럼 저도 가입할 수 있겠네요?"
"물론이죠."

"어떤 사이트가 좋아요?"

"굳이 해외 사이트를 기웃거릴 필요 없어요. 우리나라에도 온라인 포커를 제공하는 사이트가 많이 있으니까요. 오늘도 어김없이 수십만 명의 선수들이 내일의 챔피언을 꿈꾸며 열심히 포커를 치고 있죠."

"저 같은 아마추어들도 많이 있겠죠?"

"그럼요. 하지만 개중에 프로들도 섞여 있으니 조심해야 해요. 그들은 뭣도 모르는 물고기들을 잡아먹는 난폭한 샤크들이니까요."

"샤, 샤크요? 상어?"

"네, 보통 포커판에서 고수들을 샤크shark, 즉 상어라고 부르죠."

나는 순간 스필버그의 「죠스」를 떠올렸다. 어린 시절, TV에서 보았던 죠스는 인간이 극복할 수 없는 악마적 생물이자 꿈에 나올까 무서운 괴물의 대명사였다. 포커판에도 그런 무지막지한 놈들이 우글거리고 있다니.

"그에 반해 포커판에서 고수들의 밑밥이 되는 이들을 피시fish라고 부릅니다. 잔챙이들이 노는 곳에 죠스가 한 마리씩 숨어있는 셈이죠."

"에휴. 상어들이 득실거리는 바다라면 저 같은 피라미는 뼈도 못 추리겠네요."

"그렇지도 않아요. 피시들도 하기 나름이니까요."

"에이……. 그래도 뭔가 경험이 풍부한 샤크가 더 유리하지 않을까요?"

"꼭 그렇지도 않아요. 포커는 운을 확률로 만드는 스포츠니까요."

운을 확률로 만드는 스포츠라……. 그녀의 말이 확 다가왔다. 사실 이 세상에 운이 아닌 게 어디 있는가? 내가 태어난 순간부터 3억 분의 1의 확률로 이 세상에 나왔으니. 내가 대학교를 들어간 것도, 졸업하고 대기업에 입사한 것도 모두 수십만 분의 1, 수천 분

포커의 먹이사슬. 나의 위치는 어디에 있을까?

의 1의 확률을 뚫고 이룬 것이다. 그러다가 문득 이런 생각이 들었다. 내가 그녀를 만난 건 대체 얼마의 확률일까? 상념에 잠겨 있을 때 그녀가 내 표정을 살피더니 설명을 이어갔다.

포커 생태계

포커판도 먹고 먹히는 적자생존의 생태계다. 보통 3종류의 존재들이 서식하는데, 그 중 가장 많은 이들이 피시다. 피시fish는 갓 포커판에 입문한 플레이어를 일컫는 말로 보통 '초보자'라고 할 수 있다. 남녀노소 지위고하를 막론하고 피시들이 공통적으로 보여주는 특징은 홀덤의 승부를 전적으로 운에 맡긴다는 점이다. 이런 사람들은 어쩌다 운이 따라줘서 용케 작은 승부에서 이기도 하지만, 대부분 승률이 희박한 판에서 행운을 기대하며 콜을 남발하다가 모든 칩을 잃게 된다. 반면 서커sucker는 속된 말로 상대를 '먹여살려주는 존재'다. 피시보다 경험은 많으나 칩을 상대에게 계속 잃는 본헤드 플레이를 하면서 뱅크롤 관리를 하지 못하는 '호구' 플레이어들이다. 어정쩡하게 베팅을 하다가 고수들의 스택만 불려주는 플레이어인 셈. 영화 「스팅」에 출연했던 미국의 영화배우 폴 뉴먼은 "포커판에서 누가 서커인지 찾아내지 못하면, 당신이 바로 서커다."라는 유명한 말을 남겼다. 세 번째로 샤크shark는 하수인 척 자신을 감추면서 먹잇감을 뼈째 우적우적 씹어 먹는 포커 생태계의 상위 포식자다. 피시는 온라인 포커룸에서 고수들을 먹여 살리는 먹잇감에 불과하며, 본의 아니게 샤크들을 살찌우는 역할을 하게 된다. 정확한 통계는 아니지만, 오프라인 포커룸에서 흔히 40~50%, 온라인 포커룸에서 60~70% 정도를 피시들로 보는 것이 타당하다. 이 말은 곧 피시 신분에서만 탈출해도 충분히 승산 있는 게임을 즐길 수 있게 된다는 뜻이다.

"실력에 상관없이 누구에게나 운은 따라주거든요. 그 운을 어떻게 승리로 끌어내는지가 중요하죠. 혹시 바둑 좋아해요?"

"뭐, 그냥 아다리나 치는 수준이죠, 쩝."

"후훗, 바둑에서 단수가 얼마나 어려운 기술인데요. 꽤 두시네요."

"풋, 기원 연구생까지 거친 서현 씨에 비할 바는 아니죠."

"바둑을 어느 정도 아시니까 그럼 접바둑을 예로 들어 볼게요. 상대가 나보다 몇 수 위라고 할 때 보통 몇 점 깔고 시작하는 게 당연하죠?"

"그렇죠……."

"바둑만큼 실력이 명확한 스포츠도 없어요. 프로 기사들 사이에서도 랭킹이 조금만 차이가 나도 넘사벽이죠. 하물며 실력으로 아마가 프로를 이길 수 있는 가능성은 거의 제로라고 봐요. 체스도 마찬가지구요."

그녀의 말에 동의하지 않을 수 없었다. 바둑은 의지나 정신력으로 되는 게 아니다. 그토록 상대를 이기고 싶었지만, 고작 10수 앞을 내다보는 내가 50수 앞을 바라보는 상대를 실력만으로 이기기란 말처럼 그리 쉬운 게 아니기 때문이다. 아니, 어쩌면 그런 드라마틱한 기적은 현실에서 결코 일어나지 않는다. 갑자기 짜장면 내기 바둑을 둘 때마다 처절하게 나를 발라버렸던 영훈이 그 자식 면상이 떠올랐다. 엄마 젖이나 더 먹고 오라며, 이기고 나서 짜장면

얻어먹는 것보다 깐죽거리며 나를 놀려 먹는 게 더 재미있다고 낄 낄대던 그 녀석에게 죽기 아니면 까무러치기로 달려들어도 어찌된 건지 한 판을 이길 수 없었다.

"하지만 포커에서는 얼마든지 가능하죠. 끈기 있게 좋은 패를 기다리면 반드시 누구에게나 기회는 오죠. 흥미로운 점은 WSOP 우승자 중에 상당수가 아마추어들 중에서 나온다는 사실이에요."

"아마추어요? 포커에선 아마추어의 기준이 뭐죠?"

"좀 애매하긴 하지만, 보통 포커를 직업으로 하지 않는 사람들을 아마추어라 할 수 있겠죠."

"아까 식당에서 말했던 머니메이커도 아마추어겠군요."

"네. 기억력이 좋네요. 이름도 다 기억하고……."

"하핫, 머니메이커는 이름이 하도 특이해서……."

"물론 지금 머니메이커는 프로로 활동하고 있지만, WSOP에서 1등을 거머쥘 때만 해도 평범한 회계사였어요. 포커는 말 그대로 취미 중에 하나였죠."

"그러니까 서현 씨 말은 포커는 누구에게나 1등을 할 수 있는 가능성이 있다, 뭐 이건가요?"

"네, 맞아요. 게다가 나이도 점점 젊어지는 추세를 보이죠. 2008년 WSOP엔 덴마크의 피터 이스트게이트Peter Eastgate라는 스물둘의 청년이 우승을 거머쥐면서 평균 연령을 확 낮췄어요."

"스, 스물둘이요?"

어리다고 놀리지 말아요. 포커계의 악동들, 피터 이스트게이트(좌)와 조 카다(우)
(출처: wikipedia.org)

"네, 스물둘이요. 이스트게이트는 덴마크에서 경영학을 공부하던 평범한 대학생이었고, 포커 경력도 고등학교 때 같은 반 친구로부터 잠깐 배운 게 전부였어요. 그런데 그가 혜성처럼 등장해 하룻밤 사이에 우승 상금으로 약 9백15만 달러를 받았죠. 요즘 환율로…… 으음, 대략 110억에 해당하는 돈이네요."

그녀는 휴대폰으로 즉석에서 환율을 계산하여 나에게 보여주었다. 갑자기 배가 아파오기 시작했다. 난 스물둘에 대체 뭘 하며 살았을까?

"신데렐라의 등장이었죠. 사람들은 그의 등장에 열광했어요. 이제 막 성인이 된 그도 우승하는 스포츠라면 나도 충분히 승산이 있겠다 싶었죠. 이전까지 포커하면 나이 지긋한 중년이 담배를 입에 물고 테이블에 앉아 있는 모습을 연상했던 대중들은 이스트게이트의 우승으로 홀덤의 밝고 젊은 이미지를 떠올리게 되었어요."

"맞아요. 저도 포커 하면 서부 선술집에서 나이 지긋한 카우보이들이 담배를 뻑뻑 피워대면서 신경질적으로 카드를 돌리는 장면이 떠올라요."

"흐흐, 너무 영화를 많이 봐서 그래요."

"그, 그런가?"

나는 머리를 긁적거렸다. 그녀는 약간 더운 건지 열이 오르는 건지 실크 블라우스의 단추를 하나 풀더니 이야기를 숨 가쁘게 이어갔다.

"한번 생각해 봐요. 지금 제가 하루 10시간씩 열심히 빙판 위에서 트리플악셀을 연습한다고 해서 김연아 선수처럼 밴쿠버 올림픽에 나가 금메달을 딸 수는 없는 거잖아요, 안 그래요?"

어쭙잖은 자세로 빙상장을 누비는 모습을 떠올리자 나도 모르게 피식 웃음이 나왔다. 아무리 노력은 배신하지 않는다고 해도 주니어 때부터 차근차근 기본기를 다진 선수와 맞짱을 뜰 수는 없는 노

롯이다. 그녀는 확신에 차서 말을 이어갔다.

"그러나 홀덤은 달라요. 누구에게나 우승의 기회가 주어질 수 있는 스포츠니까요. 이스트게이트가 최연소 우승자로 기록을 세운 것도 잠시. 미국의 신성 조 카다Joe Cada가 이듬해 메인이벤트에서 우승해버리며 채 한 해도 못되어 최연소 기록을 갈아치우게 되죠. 그는 이스트게이트보다 340일이나 더 어렸거든요."

악동들의 시대

히어로들의 시대와 일반인들의 시대를 거쳐 2000년대 후반이 되면 텍사스 홀덤에 악동들의 시대가 도래한다. WSOP에서 우승하는 선수들의 연령대가 확 낮아지게 된 것이다. 2008년, 피터 이스트게이트Peter Eastgate와 2009년 조 카다 Joe Cada 모두 약관의 나이로 연속해서 세계 최고의 자리에 오를 수 있었던 것은 온라인 포커 사이트의 대중화와 무관하지 않다. 이처럼 악동들의 시대가 가능했던 가장 큰 이유는 오프라인에 비해 온라인에서 많게는 수천 배 이상의 실전 포커룸 경험을 가질 수 있다는 데에서 찾을 수 있다. 과거 한 번 게임을 하려면 1년까지도 기다려야 했다면, 이제는 24시간 어디서든 온라인에 접속하여 실전 홀덤을 즐길 수 있게 된 것이다. 특히 2009년, 당시 19살의 스웨덴의 악동 빅토르 블롬Viktor Blom이 한 온라인 포커 사이트에서 당시 최고의 포커 플레이어 중에 한 사람이었던 탐 드완Tom Dwan을 헤즈-업(1:1 상황)에서 꺾으며 온라인 포커의 인기를 대중들에게 알렸고, 포커 사이트 업계는 폭발적인 성장세를 그리며 더 젊은 세대들의 유입을 견인했다. 2011년 피우스 하인츠Pius Heinz 역시 22세의 나이로 우승을 거머쥐면서 악동들의 시대를 이어갔다.

"스물한 살? 크핫, 어린애들이 겁도 없군요."

"네, 정말 겁도 없는 애들이죠. 온라인 포커 플레이어 출신의 조 카다는 필 아이비를 포함한 기라성 같은 선배 플레이어들을 모두 누르고 메인이벤트 파이널 테이블에서 마지막까지 당당히 살아남으며 다시 한 번 온라인 포커 사이트의 위력을 강하게 어필했어요."

그녀의 이야기를 듣다가 갑자기 궁금해졌다.

"저기, 한국인 중에서 우승한 친구는 없나요?"

"아직까지 한국 국적은 없지만, 한국계 미국인은 있었어요."

"아, 그래요?"

"한국 국적으로 지석 씨도 한 번 도전해보는 건 어때요?"

"제가요? 에이······."

손사래를 쳤다. 하지만 살짝 나도 모르게 가슴이 뛰는 걸 느꼈다.

"우선 조셉 정Joseph Cheong이 떠오르네요. 미국 MIT에서 심리학과 수학을 전공한 재원이죠. 저와는 매년 세계 대회에서 만나는 사이에요."

"조셉 정? 한국인인가요?"

"어려서 미국으로 건너갔으니 이민 2세라고 해야겠죠? 한국 이름은 정상현이구요. 2010년, WSOP 메인이벤트 때 계속 선두를 달리다가 마지막 날에 안타깝게 조나단 두하멜Jonathan Duhamel에게 져서 대회 3위에 머무른 최고의 실력파 프로 포커 선수죠. 두하멜도 우승할 당시, 23살에 불과했어요."

"캬, 대단하네."

"2018년 WSOP 메인이벤트에서는 한국계 미국인 존 신John Cynn이 우승을 차지했죠. 그리고 상금 8백8십만 달러를 거머쥐었어요. 이거 자꾸 본의 아니게 돈 얘기만 해서 지석 씨가 나를 속물로 볼 수도 있겠는데요, 호호."

포커는 인종과 국적을 가리지 않고 누구에게나 동등한 우승의 기회를 부여한다. 포커룸에 들어서는 순간, 세상에 존재하던 인종

한국인의 매운맛을 보여주마. 현재 홀덤 토너먼트에서 맹활약하고 있는 한국계 선수들. 조셉 정(좌)과 존 신(우)
(출처: 2019년 WSOP에서 필자와 함께 찍은 사진(좌), wikipedia.org(우))

차별도, 남녀노소의 구별도 없다. 오로지 5장 카드를 가지고 승패를 가리는 공정한 승부의 세계를 만난다. 나는 그녀의 설명을 듣다 보니, 갑자기 텍사스 홀덤이라는 게임이 너무 하고 싶어졌다.

"그럼 홀덤은 어떻게 하는 거죠?"
"참 빨리도 물어보는군요."
"하하, 그런가요?"

그녀는 잠시 머리끈을 입에 물고 양손으로 머리를 모으더니 이윽고 한 갈래로 능숙하게 묶었다. 그러고 보니 목선이 드러난 포니테일도 풀어헤친 생머리만큼이나 매력적이었다.

"그럼, 지금부터 본격적으로 홀덤을 가르쳐 드리죠."
"본격적? 아니 지금까지 시간이 꽤 된 거 같은데 지금까진 본격적이 아니었나 봐요?"

나는 손목시계를 보았다. 시침은 벌써 자정을 가리키고 있었다. 그녀는 자세를 바르게 고쳐 잡았다.

"테이블에 앉아보지 않고는 홀덤을 논하지 말라는 말이 있죠. 지석 씨는 아직 홀덤의 본론으로 들어가지도 못했어요. 자, 본격적으로 따라갈 준비됐어요?"

"네네, 여부가 있겠습니까?"

"자아, 홀덤을 이해하려면 먼저 자리부터 알아야 해요."

"자리요?"

"네, 자리. 포지션position이라고 하죠."

그녀는 갑자기 테이블 위에 놓인 냅킨을 펼치더니 커다란 타원형을 그렸다. 그리고 그 주변에 9개의 동그라미를 차례로 쓱쓱 그려 넣었다. 나는 그녀의 얼굴에서부터 천천히 가슴을 지나 그녀의 팔로 시선을 옮겼다. 그녀의 팔뚝을 처음 보았다. 그녀는 느슨한 팔찌를 차고 있었다. 그림을 그릴 때마다 그 팔찌가 손목 위에서 철렁철렁하며 춤을 추었다. 완성된 그림은 무슨 암호와도 같았다. 의미를 알 수 없는 영문 이니셜과 동그라미들이 복잡하게 얽혀 있었다. 가만 보니 중앙에 큰 동그라미는 포커 테이블로 보였고, 주변의 9개의 작은 동그라미는 포커를 치는 사람들을 표현한 것 같았다. 그러나 이니셜은 도통 그 뜻을 짐작할 수 없었다.

"대충 이게 테이블인 건 알겠는데, 각각 이니셜은 어떤 의미가 있는 거죠?"

"명심해요. 홀덤은 포지션이 매우 중요한 게임이에요. 내가 어느 위치에 있느냐에 따라 게임에 임하는 전략이 달라지니까요."

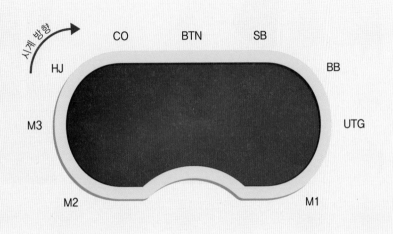

"흐음, 포지션이 중요하다?"

"우선 맨 위에 있는 BTN은 딜러 버튼^{dealer button}이라고 해요. 플레이어들 중에서 제일 마지막에 베팅을 할 수 있기 때문에 가장 유리한 위치라고 할 수 있죠."

"아하, 그러면 BTN 포지션이 홀덤에서 최고의 명당이군요."

"맞아요."

그녀는 박수를 한 번 쳤다. 손목의 팔찌들이 다시 한 번 철렁했다.

"그렇게 좋은 자리면 너나 할 것 없이 버튼을 하겠다고 나서겠네요."

"그래서 버튼은 한 판이 끝날 때마다 매번 시계 방향으로 한 칸씩 이동하죠. 테이블에 앉아있는 모든 사람들이 돌아가면서 고르게 한 번씩 할 수 있도록."

"그럼 다음 SB와 BB는 뭔가요?"

"바로 스몰 블라인드small blind와 빅 블라인드big blind를 뜻하죠."

"블라인드? 눈이 멀었다는 건가요?"

그녀는 내 엉뚱한 질문에 하얀 이빨을 드러내고 웃었다.

"네, 맞아요. 눈이 먼 거죠. 이 둘은 자신의 패에 무엇이 들어왔는지 보지도 않고 테이블이 정한 일정한 금액을 의무적으로 베팅해야 해요. 스몰 블라인드는 정해진 금액을 반드시 걸어야 하고, 빅 블라인드는 스몰 블라인드의 딱 2배를 걸어야 해요."

"왜 그렇게 하죠?"

"이처럼 형식적으로라도 블라인드 베팅이 존재하는 이유는 적은 스택stack(보유한 칩의 양)의 플레이어들이 좀 더 공격적으로 게임에 임하게 만들려는 거죠. 서로 눈치싸움만 벌이느라 매번 죽어서 게임 자체가 성립되지 않는 상황을 미연에 방지하려는 최소한의 장치인 셈이에요."

그녀의 설명을 들으니 홀덤의 구조가 매우 체계적이고 과학적이라고 느껴졌다. 만약 아무도 패에 칩을 걸지 않으면 10판이고 20

판이고 서로의 눈치만 보느라 헛바퀴만 돌게 될 것이 뻔하다. 결국 블라인드들이 건 최소한의 칩을 가지고 베팅을 독려하는 구조가 될 수밖에 없다.

"스몰 블라인드와 빅 블라인드 역할 역시 버튼처럼 매 게임이 진행되면서 시계 방향으로 한 칸씩 이동하죠. 보통 토너먼트에서는 정해진 시간마다 블라인드를 증액하면서 게임의 속도를 올려요. 결국 가만히 있어도 블라인드 대비 내가 보유한 칩이 줄어들게 되는 셈이죠."

"이 자리는 그리 좋은 자리가 아니겠네요? 억지로 베팅을 해야 하니……."

"맞아요. 누구에게나 돌아오는 자리지만, 동시에 누구든지 피하고 싶어 하는 자리죠."

"그럼 그 옆에 있는 UTG는 뭔가요?"

"빅 블라인드 왼쪽에 앉은 플레이어가 비로소 자신의 핸드를 가지고 플레이를 하는 첫 번째 사람이에요. 이를 보통 언더 더 건under the gun이라고 부르죠."

"언더 더 건? 하핫, 무슨 게임 이름 같네요."

"네, 바로 대포 아래에 서 있는 것만큼 위험하다는 의미에요. 얼마나 떨리겠어요?"

그녀는 펜으로 SB부터 UTG까지를 한데 묶었다.

"스몰 블라인드부터 여기까지를 흔히 얼리 포지션early position이라고 불러요. 홀덤에서는 가장 안 좋은 자리들이죠. 여기 있을 때는 게임을 매우 보수적으로 해야 해요. 그렇지 않으면 큰 내상을 입을 수 있는 위험한 곳이죠."

당시의 나는 정확히 뭔 말인지 몰랐으나 무심결에 고개를 끄덕였다.

"아하, 그럼 그 다음 M1, M2, M3는 뭔지 알겠어요. 다들 미들 포지션middle position인 거죠?"*
"우와, 대단해요. 혹시 미리 알고 계셨던 거 아니에요?"

그녀는 팔짱을 끼며 나를 찡긋 바라보았다. 그녀의 보조개가 도드라져 보였다.

"그냥 M이니까……. 뭐."
"내 눈썰미가 틀리지 않았네요. 지석 씨는 홀덤에 재능이 있어요, 정말."
"그, 그런가요?"
"네, 지석 씨는 홀덤을 잘 할 수밖에 없는 운명이에요."

---

* M1, M2을 UTG+1, UTG+2라고도 한다.

속이 뻔히 보였지만 그런 그녀의 칭찬에 기분이 나쁘지 않았다. 무엇보다 그녀의 말에 이상한 마력이 느껴졌다. 점차 그녀의 말에 빨려 들어가는 나를 보며 어쩌면 그녀를 좋아할 수 있을 거 같다는 느낌이 불현듯 들었다.

"그 다음 HJ는 하이잭hijack이고요, CO는 컷오프cutoff에요. 이 둘과 버튼까지를 묶어서 레이트 포지션late position이라고 하죠. 홀덤에서 핸드와 베팅을 운용하기에 가장 좋은 자리에요."

"하이잭? 하이잭은 노상강도가 현금 수송 차량을 탈취할 때 했던 말 아닌가요?"

"오호, 그걸 아시네요! 말 그대로 칩을 낚아채는 자리에요. 블라인드가 의무 베팅한 칩을 날강도처럼 약한 핸드로 거저먹으려고 들기 때문에 붙은 별명이죠."

"그럼 컷오프는?"

"끊어내는 자리죠. 하이잭이나 컷오프나 모두 팟에 있는 칩을 가져가려고 달려드는 자리에요. 물론 그걸 뒤에서 가만히 지켜보고 있는 사람이 바로 버튼이죠, 하하."

"레이트 포지션에 있는 사람들은 하나 같이 승냥이떼 같네."

"호호, 그럼요. 레이트 포지션에 있을 때 넉넉하게 먹어둬야 힘든 시기를 버틸 수 있으니까."

"재미있어요. 전혀 몰랐어요. 홀덤에서 이렇게나 포지션이 중요한 줄은."

"홀덤 플레이어들 사이에서는 포지션의 중요성에 대해 유명한 삼단논법이 있어요. 포지션은 정보다, 정보는 힘이다, 고로 포지션은 힘이다. 어때요? 중요성이 느껴지나요?"

포지션은 정보다.	POSITION	= INFORMATION
정보는 힘이다.	INFORMATION	= POWER
고로 포지션은 힘이다.	∴POSITION	= POWER

나는 고개를 끄덕였다. 자리 잡기? 어쩌면 누구에게나 인생에서 자리를 잡는 시기가 온다. 그리고 한 번 잡은 자리는 고정석이 아니다. 인생에 지정석은 없다. 언제든 남에게 주고 밀려나기도 하고, 또 새로운 자리로 이동하기도 한다. 있어야 할 자리에 있는 능력, 내려가야 할 때 내려가는 용기 모두 필요하다. 옛말에 '자리가 사람을 만든다.'는 말이 있다. 그 말만큼 홀덤에 적용되는 것도 없다.

얼리 포지션 < 미들 포지션 < 레이트 포지션

말을 마친 그녀는 내 앞에서 보란 듯이 와인 한 잔을 깔끔히 비웠다. 기분이 좋아졌는지 노래를 흥얼거리기 시작했다. 익숙한 노래였다. 그러나 정확히 어떤 노랜지 알 수 없었다. 그저 흘러간 옛

노래인 건 분명했다. 한국에서 4시간이나 떨어진 이국땅에서 오늘 만난 낯선 여자와 같이 한 방에 앉아 이름도 모르는 한국 노래를 들으니 나도 조금은 감상에 빠져 들어갔다.

포지션의 이해

홀덤은 다른 포커 게임과 마찬가지로 포지션이 매우 중요한 게임이다. 상대방의 베팅 전략을 보면서 게임 어프로치를 하기 때문에 몇 번째 위치에 있는지 중요할 수밖에 없다. 나쁜 베팅 위치에 머물 때에는 신중해야 하고, 좋은 위치에 왔을 때 과감하게 승부해야 한다. 홀덤에서 포지션은 버튼과의 거리에 따라 크게 3종류로 나뉜다. 버튼에서 1~3번째 위치에 앉은 플레이어를 얼리 포지션 early position이라고 하고, 4~6번째 위치에 앉은 플레이어를 미들 포지션middle position, 7~8번째 위치에 앉은 플레이어와 버튼을 레이트 포지션late position이라고 한다. 어떤 위치가 가장 좋을까? 간단하다. 뒤에서 상대의 플레이를 다 보고 나서 자신의 플레이를 할 수 있는 위치가 당연히 가장 좋은 포지션이다.

특히 버튼은 게임에 참여한 플레이어들의 모든 베팅을 다 보고 나서 마지막으로 자신의 플레이를 선택할 수 있기 때문에 그야말로 명당자리다. 따라서 얼리 포지션에서 레이트 포지션으로 나아갈수록 일반적으로 승률이 올라간다고 볼 수 있다. 뒤집어 말하면, 얼리 포지션에서는 웬만한 강력한 핸드를 들지 않았다면, 베팅을 하지 않는 것이 좋다는 말이 된다.

메인 팟main pot

어떤 플레이어가 올-인을 했을 때, 그 플레이어가 가져갈 수 있는 팟을 일컫는다. 본인이 올-인한 금액을 초과한 베팅은 본인이 가져가지 못하는 사이드 팟에 속하게 된다.

바이시클bicycle

A-2-3-4-5로 이루어진 스트레이트를 지칭한다. 우리나라에서는 백스트레이트라는 별칭으로 불리며 로열스트레이트(A-K-Q-J-10) 다음으로 높은 스트레이트로 치지만, 홀덤 및 정식 포커 게임에서는 가장 낮은 스트레이트다.

바이-인buy-in

포커 토너먼트에서 게임을 하기 위해 필요한 참가비를 일컫는다. 보통 국제적인 대회에서는 바이-인 규모에 따라 게임의 종류를 나누기도 한다.

바텀 페어bottom pair

플롭 카드 3장 중 가장 낮은 숫자의 페어를 잡았을 때를 일컫는다. 예를 들어, 자신이 3, 4를 들고 있을 때, 플롭에 A, 9, 3이 깔렸다면, 3으로 바텀 페어를 메이드했다. 반면 자신이 9, 8을 들고 있을 때, 플롭에 A, 9, 3이 깔렸다면 세컨드 페어second pair, 혹은 미들 페어middle pair를 만들었고, 자신이 A, J를 들고 있을 때, 플롭에 A, 9, 3이 깔렸다면, 탑 페어top pair를 만들었다고 말한다.

베드 비트bad beat

이길 수 있는 확률이 매우 높은 상태에서 마지막에 어이없게 지는 것을 일컫는다. 예를 들어, 자신은 핸드에 A-A를 들고 상대는 핸드에 2-2를 들고 있을 때, 마지막 리버 카드에서 2가 떠서 희박한 확률로 지게 될 때, 베드 비트, 즉 불운한 패배라고 말한다.

버스트 아웃bust out

칩을 모두 잃어 토너먼트에서 탈락하는 것을 일컫는다. 즉 올-인 당한 상황을 말한다.

버튼button

그 판에서 가장 마지막 플레이어의 위치를 일컫는 말로 보통 퍽puck이라고 부르는 하얀색 플라스틱으로 위치를 표시한다. 베팅을 하기에 가장 유리한 포지션으로 간주된다. 버튼의 위치는 매 판마다 왼쪽(시계 방향)으로 한 칸씩 이동하기 때문에 모든 플레이어에게 골고루 버튼의 위치가 돌아간다.

베트bet, 베팅betting

베팅 라운드에서 최초로 판돈을 올리겠다는 신호이다. 만약 아무도 베트를 선언하지 않으면 플레이어 전원이 팟을 키울 의사가 없다고 간주되어 다음 단계로 바로 넘어가게 된다. 베트를 선언한 사람은 그만큼의 베팅액을 올려야 하며, 다른 플레이어들은 콜 혹은 레이즈를 선언해야만 계속해서 게임에 참여할 수 있는 자격을 얻는다.

브로드웨이broadway

A-K-Q-J-10로 이루어진 스트레이트를 일컫는다. 국내에서는 보통 마운틴이라고 표현하는데, 외국에서는 '브로드웨이'라고 부른다.

블라인드blinds

딜러 다음에 두 사람은 자신의 패와 무관하게 의무 베팅을 해야 하는데, 이를 블라인드 베팅blind betting이라고 한다. 블라인드 베팅의 액수는 미리 정해져 있고, 토너먼트의 경우에는 시간이 지나면서 자동적으로 상승한다. 버튼 다음 첫 번째 플레이어를 스몰 블라인드small blind, 줄여서 SB라고 하고, 두 번째 플레이어를 빅 블라인드big blind, 줄여서 BB라고 한다.

블러프bluff, 블러핑bluffing

상대에게 자신이 강한 패를 들고 있는 것처럼 보이게 하기 위해 레이즈 혹은 베팅하는 것을 일컫는다. 우리나라에서 흔히 '뺑카'라고 부른다.

빅 블라인드 스페셜big blind special

빅 블라인드 위치에 있는 플레이어가 좋지 않은 핸드를 가진 상황에서 플롭을 공짜로 보고 이기는 경우를 일컫는다. 첫 번째 베팅 라운드에서 아무도 레이즈를 하지 않는 경우, 빅 블라인드 위치는 좋지 않은 패를 들었다 하더라도 체크를 함으로써 플롭 카드를 공짜로 볼 수 있게 된다. 이때 운이 좋아 플롭이 잘 떨어져 게임을 이기는 상황을 빅 블라인드 스페셜이라고 한다.

사이드 팟side pot

여러 명이 플레이할 때, 1명이 올-인이 되는 경우, 다른 사람들끼리만 추가적으로 베팅한 금액은 사이드 팟으로 분류된다. 메인 팟을 이기지 못하더라도, 사이드 팟에 참가한 사람들끼리 승자를 별도로 가려서 그 승자가 사이드 팟을 가져가게 된다.

세미-블러핑semi-bluffing

플레이어가 아직은 약하지만 강한 핸드가 될 가능성이 높은 상황에서 베팅하는 것을 일컫는다. 일반적인 예로 플롭에서 플러시 드로우인 상태에서 베팅을 하는 것을 말한다. 기본적으로 상대방들이 폴드하기를 바라지만, 상대방들이 폴드하지 않더라도 플러시가 뜨면 이길 수 있다.

셋set

포켓 페어를 들고 보드에 내가 들고 있는 숫자가 나와서 트리플을 만들었을 때를 셋이라 일컫는다. 포켓 페어를 들고 플롭을 볼 때, 일반적으로 8분의 1의 확률로 셋을 만들 수 있다.

쇼다운showdown

2명 이상의 플레이어가 리버 베팅까지 끝내고 나서 최후의 패를 모두 공개하여 승자를 결정하는 것을 말한다.

숏 스택short stack

테이블에서 칩의 양이 적은 플레이어를 지칭하며, 그 반대는 빅 스택big stack이라고 한다.

숏-핸디드short-handed

보통 6명 이하가 같이 게임을 할 때를 일컫는다. 반대로 7명 이상이 같이 게임을 하게 되면 롱-핸디드long-handed 게임이라고 표현한다.

수티드suited

핸드 2장의 무늬가 같을 때를 일컫는다. 예를 들어, K♥와 Q♥를 들었다면 '수티드되었다.'라고 말한다. 이를 'KQs'로 표현한다. 반대로 2장의 무늬가 다를 때를 언수티드unsuited 혹은 오프-수트off-suit라고 한다.

수티드 커넥터suited connector

핸드 2장이 같은 무늬면서 연속 숫자인 경우를 일컫는다. 예를 들어, 9♣와 8♣을 든 경우 무늬도 맞추고suited 숫자로 연결되었다connector라고 한다.

스택stack

자신 앞에 놓여 있는 칩을 쌓은 더미를 일컫는다.

스플릿split

두 사람 이상이 승자가 되어 여러 명의 승자가 팟을 n분의 1로 나눠 가져갈 때 쓰는 표현이다.

슬로우 플레이slow play

블러핑의 반대말로 강한 패를 들고도 낮은 패인 것처럼 행동하여 상대를 속이는 플레이를 일컫는다. 예를 들어, 9-9를 들고 있는데 플롭에서 9, 9, 4가 깔려 포카드가 완성되었으나, 판돈을 키우기 위해 베팅을 하지 않고, 콜만 하거나 체크하는 등 일부러 약하게 보이도록 행동하는 플레이를 말한다.

싯 앤 고sit and go

토너먼트 타입 중에 하나로 정해진 수의 참가자가 모두 모이면 시작하여 최후의 1명이 남을 때까지 진행하는 게임 방식을 말한다. 싱글 테이블 토너먼트라고도 한다.

아웃드로우outdraw/outdrawing

좋은 카드를 드로우하여 상대 플레이어를 이겼을 때를 일컫는다.

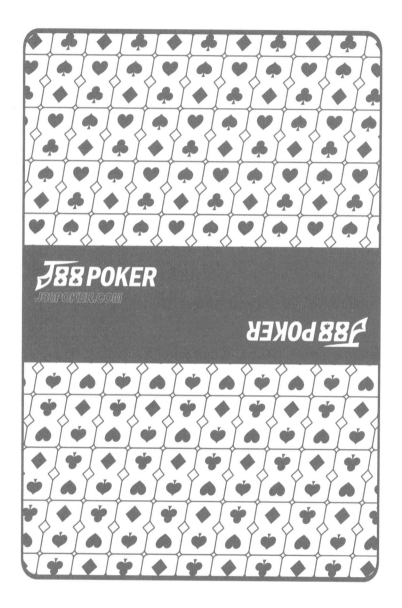

05

이미 자정을 훌쩍 넘긴 시간이었다. 그녀는 포커룸 테이블 위에 놓인 카드를 만지작거렸다. 나는 옆에 놓인 감자칩을 하나 뜯어 우적우적 씹어 먹었다. 그녀는 나에게 콜라를 건넸다. 치익 소리를 내며 경쾌하게 콜라캔이 따졌다. 나는 벌컥벌컥 콜라를 마셨다. 그녀는 아무 말 없이 양팔을 걷어붙이고는 나를 바라보았다.

"몸은 좀 어때요?"
"보시는 바와 같이."

나는 아무렇지 않다는 듯 두 팔을 벌렸다. 그러고 보니 숙녀를 두고 건장한 남자가 되어 아팠다니 좀 부끄러워졌다.

"다행이네요. 아까는 조금 당황했어요."
"나도 당황했어요, 하하."
"좀 쉬어야 하는 거 아니에요?"
"홀덤 배워야죠. 아직 본론으로 들어가지 못했다면서요?"

그녀는 내 말에 활짝 웃었다. 천정에 붙은 할로겐 조명에 비쳐 그녀의 백옥 같은 얼굴이 더 하얗게 보였다. 갑자기 전 남친은 어떻게 이렇게 아름다운 여자를 차버릴 수 있었는지 궁금해졌다. 아까 먹은 콜라향이 살짝 달큰하게 느껴졌다.

"세계적인 포커 플레이어한테 배우는 건데 밤을 새워서라도 배워야죠. 게다가 이렇게 미녀인데……."

나는 꺼억 시원하게 트림을 했다. 그녀는 카드를 들고 머쓱해하는 나를 정면으로 보면서 말했다.

"자, 그럼 이제부터 홀덤을 어떻게 하는지 알려 줄게요."
"2명이서도 할 수 있는 건가요?"
"통상적으로 한 테이블에서 6명에서 9명이 해요. 9명 게임을 풀-링full-ring이라고 해요. 자리가 다 찼다는 거죠. 하지만 헤즈-업 상황이 종종 발생하니까 뭐 2명도 상관없어요."

"바카라나 블랙잭보다 인원은 많아서 좋네요."

"꼭 그렇지도 않아요. 테이블에 몇 명이 앉아 있느냐도 사실 포지션만큼이나 전략에 많은 영향을 미치거든요. 가장 높은 패를 들고 있는 사람 1명이 모든 판돈을 가져가기 때문에, 10명이 게임을 할 때와 6명이 한 때의 핸드 가치가 크게 달라지죠."

"그렇다면 테이블에 사람이 많이 앉는다고 꼭 좋은 것도 아니군요?"

"그렇죠. 6명일 때에는 9명일 때보다 더 적은 카드가 오픈되기 때문에 더 적극적으로 게임에 참여할 필요가 있어요. 플레이어가 6명뿐이라면 높은 핸드가 뜰 확률도 9명일 때보다는 낮을 게 뻔하기 때문이죠."

"아하."

그녀는 테이블 위에 놓인 카드를 촤악 펼치더니 능숙하게 서플을 했다. 나는 그녀의 카드 섞는 기술을 천천히 들여다보았다. 그녀는 정작 자신의 손끝을 보지 않고 내 얼굴을 빤히 쳐다보면서 카드를 여러 번 섞어 테이블 위에 올려놓았다. 그리고 칩 세트가 들어있는 가방을 가지고 와서 능숙하게 칩을 분배했다. 어느새 내 앞에 형형색색의 칩들이 탑으로 쌓여 있었다.

"게임에 참여하려면 칩이 필요해요. 세상에 공짜는 없으니까.

칩을 사서 테이블에 앉는 것을 바이-인buy-in이라고 해요.”

“참가비쯤 되겠네요?”

“그런 셈이죠. WSOP같은 세계적인 대회는 테이블마다 다양한 바이-인 게임이 상설되어 있어요. 제일 먼저 딜러는 테이블에 앉은 플레이어들에게 각기 2장의 카드를 차례로 나눠줘요. 보통 카드는 한꺼번에 2장을 다 주지 않고 1장씩 돌려가며 주도록 되어 있죠. 이렇게요.”

그녀는 자신과 나에게 차례로 카드를 나눠주었다. 나에게 배달된 카드를 내가 반사적으로 들춰보려 하자, 그녀가 내 손을 탁 잡았다.

“잠깐만. 패를 보기 전에 먼저 이 카드의 의미를 알아야 해요.”

“아…….”

“이 카드를 홀 카드hole cards 또는 포켓 카드pocket cards라고 해요. 포지션 아직 기억하죠?”

나는 곁눈질로 테이블에 놓인 냅킨을 힐끔 보았다. 그녀는 손바닥으로 장난스럽게 냅킨을 가렸다.

“컨닝은 금지!”

“SB, BB, UTG, M1, M2, M3, HJ, CO, BTN……. 맞죠?”

나는 기억을 되살려 포지션을 순서에 따라 떠듬떠듬 읊었다.

"아까 말했듯이 SB와 BB는 카드와 상관없이 무조건 베팅을 하도록 되어 있어요. 그 다음 UTG부터 자신의 카드를 바탕으로 액팅 acting을 하죠. 액팅에는 기본적으로 3가지 옵션이 있죠. 콜call을 외쳐 BB가 베팅한 금액을 따라가든지, 아니면 폴드fold를 하여 죽든지, 아니면 레이즈raise를 하여 판돈을 키우든지, 3가지 중 하나를 할 수 있어요. SB와 BB가 베팅을 했다 치고, 지석 씨가 UTG이라고 가정해 봐요. 어떻게 하실 거예요?"

바이-인

홀덤에서 자신의 칩을 가지고 테이블에 앉는 것을 바이-인buy-in이라고 한다. WSOP같은 국제 토너먼트는 참가비로 바이-인을 요구하고 있는데, 바이-인 액수에 따라 게임이 각기 구분되기 때문에 자신의 뱅크롤에 따라 잘 보고 진입해야 한다. 한 번의 바이-인으로 게임을 끝내는 방식을 '프리즈-아웃freeze-out'이라 하고, 계속 추가로 다시 참가비를 내고 게임에 재진입하는 것을 흔히 '리엔트리'라고 한다. 국제적인 토너먼트에서 바이-인의 형식과 규모는 이벤트에 따라 말 그대로 천차만별이다. 우리나라 돈으로 10만 원이면 쉽게 진입할 수 있는 대회부터, 참가비가 15억원인 대회까지 다양하다.
토너먼트 사이드이벤트는 종목과 함께 바이-인 금액에 따라 테이블을 나누기도 한다. 메인이벤트에서는 토너먼트 형식으로 원활한 게임 진행을 위해 프리즈-아웃을 원칙으로 한다.

"이, 이제 봐도 돼요?"

나는 내가 받은 카드에 시선을 보냈다. 그녀는 잡고 있던 손을 천천히 풀었다. 나는 천천히 카드를 펼쳐 보았다. 그게 뭐라고 약간 긴장이 되었다.

A♥, 8♠

그녀는 쪼면서 카드 밑면을 조심스럽게 열어보는 내 표정을 익살맞게 바라보며 물었다.

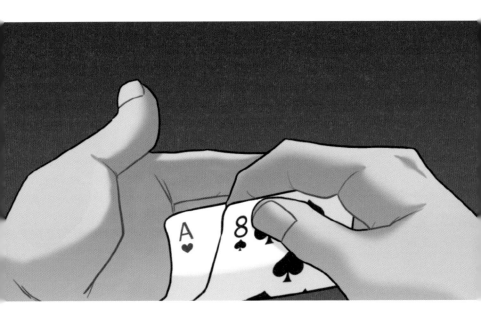

"좋은 핸드 들어갔어요?"

"쩝, 개패네요."

그녀는 씨익 웃었다. 그리고는 곁눈질로 자신의 카드도 슬쩍 보았다.

"자, 이제부터가 중요해요. 주어진 2장의 카드가 양탄자라면, 테이블 위에 펼쳐지는 5장의 카드는 그 양탄자 위에서 춤을 추는 무희들과 같죠. 어떻게 베팅을 할래요?"

일단 나는 별 다른 생각 없이 베팅을 했다. 누구든 돈도 걸지 않은 게임에는 큰 신경을 쓰지 않는 법이니까.

"남자라면, 못 먹어도 고!"

나는 호기롭게 앞에 놓인 칩 중 1개를 던지며 외쳤다.

"BB가 2개를 걸었으니 지석 씨가 지금 1개를 더 걸어서 BB랑 똑같은 총 2개를 걸면 '콜'을 한 거예요. 앞선 사람의 베팅을 똑같이 따라가겠다는 의사 표시를 한 거죠. 만약 제가 2개를 받고 4개를 걸면?"

그녀도 칩을 던졌다. 그녀가 던진 칩은 절묘하게 차례로 내 칩들을 덮었다.

"레이즈?"

"빙고! 맞아요. 이걸 레이즈라고 하죠. 앞선 사람의 베팅을 받고 증액하겠다는 의사를 표시한 거죠. 레이즈 금액은 따로 정해져 있지 않아요. 2배, 3배, 4배 마음대로 걸 수 있어요."

레이즈와 쓰리-베트, 씨-베트

홀덤에서 레이즈raise는 이전 플레이어가 베팅했던 금액(칩)을 받고, 일정한 비율로 증액하는 액팅으로 모든 라운드에서 할 수 있다. 노-리미트 홀덤은 기본적으로 레이즈의 제한이나 한도가 없기 때문에 금액을 마음대로 올릴 수 있지만, 최소한 첫 베팅에 2배 이상은 걸어야 한다. 반면 리-레이즈re-raise는 이전 플레이어가 최소한 한 번 레이즈를 해서 올려놓은 금액을 다시 일정한 비율로 올리는 액팅을 말한다. 리-레이즈 역시 레이즈처럼 제한이나 한도가 없다. 레이즈는 게임의 주도권을 잡고 판을 흔들어 상대방의 핸드를 파악하는 데 중요한 액팅이다. 그렇다고 좋지 않은 핸드를 가지고 레이즈를 빈번하게 하는 것은 도리어 상대에게 자신의 의도를 간파당하는 위험이 있다. 보통 홀덤 전문가들은 쓰리-베트three-bet와 씨-베트C-bet의 중요성을 말한다. 앞서서 레이즈한 상태에서 다시 레이즈를 날리는 것을 쓰리-베트라 하는데, 상대의 패기에 밀리지 않고 맞불을 놓는 작전이다. 반면 씨-베트는 컨티뉴에이션 베트continuation bet의 약자로 프리-플롭에서 베팅을 주도한 선수가 플롭 이후에 가서도 연이어 베팅을 주도하는 방식이다.

"레이즈한 금액을 다시 받아서 레이즈한다면?"

"그걸 리-레이즈re-raise라고 해요. 레이즈를 레이즈로 받는 거죠. 총성 없는 전쟁인 셈이에요."

"만약 레이즈를 하지 않고 죽겠다면?"

"폴드를 하는 거죠. 한마디로 카드를 접는 거예요. 테이블에 몇 명이 앉아 있는지, 나는 어떤 포지션에 앉아 있는지, 내 카드는 어느 정도 위력을 가지고 있는지, 앞선 사람은 어떻게 플레이했는지 등을 다각도로 따져야 해요. 그래서 전혀 승산이 없겠다, 발전 가능성도 안 보인다 할 때에는 과감하게 죽는 거죠. 죽는 것도 기술이에요. 매우 중요한 액팅입니다."

"주, 죽는 것도 기술이라구요?"

"네, 정말이에요. 필요할 때 폴드를 잘 하면서 인내심 있게 때를 기다리는 게 홀덤의 핵심이죠. 폴드를 할 때는 자신의 카드를 딜러에게 엎어서 던져주면 그만이죠. 굳이 말로 폴드를 외칠 필요는 없어요."

그녀는 직접 자신의 카드를 던지며 나에게 동작으로 보여주었다. 죽는 것도 기술이라는 그녀의 말이 새롭게 다가왔다. 우리는 보통 '포기하지 말라.'는 말을 너무 많이 들어왔다. 포기는 무슨 커다란 죄악을 짓는 것처럼, 포기한 사람은 무슨 인생의 낙오자인 것처럼 가르쳐왔다. 그런데 홀덤에서는 지고 있을 때나 승산이 없을 때 빨리 포기하는 게 지혜로운 전략이라고 가르친다. 나는 불현 듯

'36계도 전략의 하나'라는 손자병법의 글이 떠올랐다.

"결국 3가지 액팅은 콜, 레이즈, 폴드가 있는 거죠. 이를 액팅 삼각형이라고 해요. 모든 액팅에는 나름의 이유와 사연이 있어야 해요. 어떤 것도 허투루 해서는 안 됩니다. 감정에 휘말려서도 안 되고 계산 없이 무작정 달려들어서도 안 되죠."

그녀는 새로운 냅킨에다가 삼각형을 그렸다. 그리고 각 꼭짓점에 각기 콜과 폴드, 레이즈를 적었다.

"이처럼 테이블에 있는 모두가 받은 카드를 엎어놓고 베팅을 1차적으로 끝내게 되는데, 이를 보통 프리-플롭pre-flop이라고 해요."
"프리-플롭?"

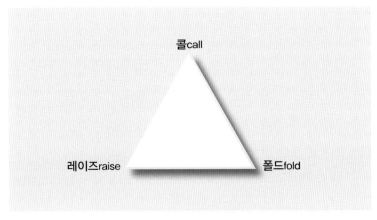

프리-플롭에서 UTG가 할 수 있는 액팅 삼각형

"네, 플롭 '이전'에 하는 베팅액션이에요."

"그럼 플롭은 뭐예요?"

커뮤니티 카드 포커

현존하는 포커 게임의 종류는 수도 없이 많지만, 게임 방식에 따라 크게 드로우 포커, 스터드 포커, 커뮤니티 카드 포커로 나뉜다. 드로우 포커draw poker는 우리 나라에 속칭 '바둑이'라는 게임으로 알려진 포커 게임으로 자신이 받은 카드를 상대방이 볼 수 없고 불필요한 카드를 계속 바꾸어(드로우) 나가면서 족보를 만 들어 나가는 방식을 띤다. 커뮤니티 카드가 없기 때문에 오로지 상대의 베팅과 버린 카드를 가지고 핸드를 예상해야 하는 게임이다. 반면 스터드 포커stud poker 는 상대방이 자신의 카드 중 몇 장을 볼 수 있게 진행된다. 속칭 우리나라 사람 들이 많이 해오던 '세븐오디'라는 게임이 스터드 포커 게임이다. 먼저 딜러에게 3장의 카드를 받는데, 이 중에 1장은 공개를 하고 2장은 뒤집은 채 경기를 진행 한다. 이후 3장의 카드를 다시 공개로 받는다. 마지막으로 '히든카드'를 받는데, 이로써 결국 숨겨진 3장의 카드와 노출된 4장의 카드를 가지고 플레이하는 방 식이다. 이와 달리 커뮤니티 카드 포커community card poker는 공유 카드가 테이블 위에 오른다. 커뮤니티 카드 포커와 스터드 포커 게임의 가장 큰 차이점은 노출 된 카드들을 테이블에 앉아 있는 모든 플레이어들이 공유할 수 있는가의 여부 에 있다. 홀덤은 테이블 위에 펼쳐진 5장의 노출 카드들을 모든 플레이어들이 자신의 핸드로 활용할 수 있지만, 스터드 포커는 노출된 카드들의 주인은 그 카 드를 펼친 플레이어로 한정된다. 그래서 노출된 카드를 커뮤니티 카드라고 부 르고 이를 이용하는 홀덤이나 오마하 같은 방식의 포커 게임을 커뮤니티 카드 포커라고 이야기하는 것이다. WSOP 제1회 대회에서 우승한 자니 모스는 "홀덤 과 스터드의 관계는 체스와 체커의 관계와 같다."고 말했다.

"이제 딜러가 테이블 위에 3장의 카드를 펼쳐 놓는데 이것을 플롭flop이라고 해요. 위에서 카드가 촤르륵 떨어진다는 뜻이에요. 이 카드를 커뮤니티 카드community cards라고 부르죠. 말 그대로 참가자 모두가 끌어다 쓸 수 있는 '공통의 카드'라는 거죠."

그녀는 덱에서 카드 1장을 버리고 3장을 차례로 끌어다가 촤르륵 펼쳤다. 나는 버려진 카드 1장을 가리키며 물었다.

"어, 저 카드는 왜 버려요?"
"플롭을 테이블에 깔기 전에 덱에서 카드 1장을 버리는데, 이를 버닝burning이라고 해요. 태워 버린다는 거죠. 혹시나 뒷면에 마킹이 되어 카드가 노출되는 술수나 반칙을 미연에 방지하기 위해서 딜러는 모든 딜링dealing 전에 첫 장을 버리죠."
"오호라."
"자, 보세요. 3장의 카드."

J♦, Q♦, 10♥

J와 Q는 다이아가 떴고, 10은 하트였다. 내가 가진 카드는 하트 A와 스페이드 8. 그렇다면 8-10-J-Q-A로 어느 쪽으로든 스트레이트를 노려볼 수 있다. 9나 K만 떠 준다면……. 마른침을 꿀꺽 삼키자 그녀는 물끄러미 나를 바라보다가 물었다.

"어때요? 커뮤니티 카드와 조합을 생각해 볼 수 있겠어요?"

"흐음. 뭐 어느 정도 감은 오는데, 솔직히 여기서 어떻게 베팅을 해야 할지 모르겠네요."

"에이스 가지고 있죠?"

나는 흠칫 놀랐다. 그러나 이윽고 아무렇지 않은 듯 능구렁이처럼 포커페이스를 유지하려고 했다. 나는 말끝을 흐렸다.

"글쎄요……."

그녀는 시크한 표정으로 씨익 웃었다. 나는 입맛을 다셨다. 그녀의 설명에 따르면, 홀덤은 이 3장의 커뮤니티 카드와 자신이 손에 들고 있는 2장의 홀 카드를 가지고 족보를 만드는 게임이라고 했다. 발전 가능성이 있는 핸드라면 베팅에 들어갈 것이고, 이후 이어지는 2장의 카드를 차례로 받을 수 있지만, 별 볼일 없는 핸드라면 칩을 아끼기 위해 과감하게 폴드해 버리는 게 바람직할 것이다. 그녀는 조금 상기된 채 설명을 계속 이어갔다.

"이때부터 전략이 정말 중요해요. 딜러 왼쪽에 앉은 플레이어, 그러니까 SB부터 새로이 베팅을 진행하죠. 이 단계를 소위 플롭 베팅flop betting 또는 포스트 플롭post-flop이라고 해요. 이때 플레이어는 체크check라는 액팅을 할 수 있는데, 체크는 베팅을 하지 않고 자신의 순서turn를 다음으로 넘기겠다는 의사 표시예요. 체크도 따로 말로 하지 않고 이렇게 검지와 중지를 모아서 테이블을 2번 툭툭 치면 끝이에요."

그녀는 손바닥을 아래로 둔 채 손가락을 모아 테이블을 두어 번 툭툭 쳤다. 나에게는 마치 행운의 문을 노크하는 것처럼 보였다.

"마치 노크하는 것 같네요."
"맞아요. 딱 그래요. 행운의 여신에게 노크하는 거죠. 체크를 하면, 칩을 잃지 않고도 다음 단계로 넘어갈 수 있거든요. 체크도 매우 중요한 전략이기 때문에 상대의 핸드를 이해하려면 어떤 상황에서 체크를 하는지 반드시 알고 있어야 해요."

"고도의 심리전이군요."

"맞아요."

그녀는 격하게 고개를 끄덕였다. 이마 앞으로 흐트러진 머리를 쓸어 담아 오른쪽 귀 뒤로 넘겼다. 그녀의 시선이 불타오르는 것 같았다.

"아까 제가 했던 말 꼭 기억해요. 모든 액팅에는 반드시 나름의 이유와 사연이 있어야 한다는 말. 체크조차도 절대 허투루 해서는 안 돼요."

"알았어요. 기억할게요."

"만약 SB가 체크를 했는데, BB도 체크를 하고 싶다? 그러면 똑같이 체크를 칠 수 있어요. 이를 체크 굿이라고 해요. 물론 좋은 패가 들어왔다면 BB가 새로 베팅을 진행할 수도 있겠죠. 베팅이 진행되면, 그 다음 플레이어부터는 체크를 할 수 없으며 콜을 하던지 레이즈를 하던지 폴드를 하던지 결정해야 해요. 아까 액팅 삼각형 기억하죠?"

나는 다시 그녀가 냅킨 위에 그려놓은 삼각형을 들여다보았다. 콜, 폴드, 그리고 레이즈.

"자, 지석 씨 베팅 진행하세요."
"체크!"

나는 주먹을 만들어 테이블을 툭툭 쳤다. 그녀 역시 나를 따라 테이블을 툭툭 쳤다.

"자, 다른 플레이어들은 다 죽고 이렇게 지석 씨와 나, 단 둘만 남았다고 가정해 봐요. 다음에 딜러는 아까처럼 또 하나의 카드를 덱에서 뽑아 태워버리고, 다른 1장을 커뮤니티 카드에 추가하는데, 이를 턴 카드turn card라고 해요. 돌아가려면 지금이라도 돌아가라는 거죠."
"돌아가려면 돌아가라?"
"네, 턴을 보고도 돌아가지 않으면 끝까지 가야하거든요. 돌아갈 수 있는 마지막 기회인 셈이죠."

그녀의 설명을 듣자, 나는 턴 카드가 마치 지하 세계 레테의 강을 건너지 말라는 하데스의 외침처럼 느껴졌다. 우리는 인생을 복기하며 그때 돌아갔어야 했다며 후회하는 일들이 얼마나 많았는가? 목덜미가 싸늘했다. 그녀는 카드를 3장의 커뮤니티 카드에 나란히 붙였다.

5◆

"이제 커뮤니티 카드가 4장이 되었어요(플롭 3장 + 턴 1장). 경우의 수가 늘었기 때문에 더 분주하게 머리를 놀려 다양한 카드의 조합을 판단해야 해요."

"기다리던 카드가 아니네요, 쩝."

나는 겸연쩍게 씨익 웃었다.

"그래요? 이걸 잊지 마요. 커뮤니티 카드에 뜬 카드가 나에게 좋다면, 상대방에게도 좋을 수 있다는 사실을요. 다 죽어가는 핸드가 턴 카드 하나로 되살아나는 기가 막힌 반전 드라마를 쓰는 경우도 있죠. 턴 카드를 보고도 폴드하지 않은 플레이어는 모두 강을 건너야 해요! 그 강이 죽음의 강이 될지, 부활의 요단강이 될지는 마지막 카드, 리버에 달렸죠."

"리버요?"

"다시 1장을 버닝시키고 이 마지막 1장이 리버 카드^{river card}예요."

그녀는 덱에서 카드를 다시 1장 꺼내 4장의 커뮤니티 카드 옆에 붙였다. 리버라……. 문득 명칭이 멋지다는 생각이 들었다. 동시에 포커가 인생과 닮아있다는 생각이 들었다.

"이렇게 커뮤니티 카드가 5장으로 완성되었어요(플롭 3장 + 턴 1장 + 리버 1장). 홀덤의 묘미는 바로 이 턴과 리버를 자신이 가진 카드와 어떻게 조합할 것인가에 있다고 해도 과언이 아니죠."

마지막 카드에 눈을 돌렸다. 스페이드 K였다! 가뿐하게 10-J-Q-K-A, 스트레이트를 만들었다.

"리버 뒤에 마지막으로 베팅 기회가 주어져요. 어떻게 하실래요?"

나는 터져 나오는 웃음을 참고 잠시 뜸을 들이는 척 하다가 내 앞에 놓인 칩을 모두 쓸어 넣었다.

"올-인이요!"
"브로드웨이 스트레이트Broadway straight를 메이드했죠?"
"네? 브로드웨이요?"
"아-카-마-자-텐! 10부터 A까지! 스트레이트 중에 제일 높은 스트레이트, 맞죠?"
"아, 아니 어떻게 내 패를?"

나도 모르게 탄성이 나왔다. 그녀는 내 핸드를 훤히 읽고 있는 듯 말했다.

"무늬는 모르겠지만, 분명 에이스와 숫자 카드 하나 들고 있을 거예요."

나는 조금 허탈해졌다. 투시경을 달고 내 패를 꿰뚫어 보는 상대와 어떻게 싸워 이길 수 있단 말인가?

"자, 커뮤니티 카드에 5-10-J-Q-K가 떴어요. 커뮤니티 카드의 조합(텍스쳐)을 조금이라도 읽을 줄 아는 사람이라면 몇 번의 베팅에서 상대가 노리는 핸드를 금세 파악할 수 있어요."

"대, 대단하군요, 쩝."

"턴과 리버에는 단 2가지 종류의 카드 밖에 없어요. 브리지^{bridge}와 블랭크^{blank}."

"브리지는 다리, 블랭크는 빈 칸 아닌가요?"

"그래요. 브리지는 벌어진 카드들을 마치 다리처럼 서로 연결시켜 주는 카드를 말해요. 반면 블랭크는 핸드에 영향을 미치지 않는 무의미한 카드를 뜻하죠. 홀덤에서 '브리지와 블랭크는 한 끗 차이다.'라는 말이 있어요. 나의 브리지가 상대의 블랭크일 수 있고, 나의 블랭크가 상대의 브리지일 수 있죠. 전설적인 포커꾼 7인 중에 하나였으며, 1972년 세계 토너먼트에서 우승한 미국의 위대한 포커 플레이어 애머릴로 슬림(토머스 프레스톤)은 '리버가 없으면 피시도 없다.'는 촌철살인의 명언을 남겼죠. 그만큼 리버까지 기다리다가 판을 통째로 넘겨주는 피시들이 많다는 거죠. 초보일수록 리버 카드에 목을 맨다고 봐요. '여기서 하나쯤 떨어져 주겠지.' 그러나 세계적인 포커 플레이어는 플레이할 때 리버 카드는 없는 셈 치죠. 안 그러면 베드 비트^{bad beat}를 당하니까요."

129

"베드 비트요?"

"리버에 원하는 카드가 떨어지지 않거나 상대에게 브리지가 떠서 역전패를 당하는 경우를 말해요. 내상이 심한 패배죠. 전문 포커 플레이어들도 가끔 베드 비트를 당하면 멘탈이 나가죠."

"서현 씨도 베드 비트를 당한 적이 있나요?"

"물론이죠. 매 게임마다 극적인 승부를 연출했던 핸드들은 이긴 게임이든 진 게임이든 모조리 기억나는 걸요. 나쁜 기억은 잊으려 해도 통 잊을 수가 없죠. 바둑에서 복기를 하는 것과 같다고 할까요."

나는 다시 그녀의 전 남친을 떠올렸다. 안 좋은 기억은 발목에 단단한 족쇄가 되어 한 치 앞도 나아갈 수 없게 만든다. 대체 그때 왜 그랬을까? 아무리 후회해도 돌이킬 수 없는 승부가 홀덤에도 어김없이 존재한다. 그녀는 인생에서 어떤 패배들을 당했을까? 그리고 내 앞에는 또 얼마나 많은 패배가 기다리고 있을까?

"리버까지 테이블에 깔린 다음, 서로의 핸드를 확인하는 것을 쇼다운showdown이라고 해요. 초보자는 자신의 패에 집중하고 고수는 상대의 패에 집중하죠. 나에게 어떤 카드가 떨어졌는가를 보지 말고 상대가 어떤 카드를 기다리고 있는가를 늘 유념하세요."

"그럼 서현 씨 카드는 뭐예요?"

그녀는 내 올-인을 받지 않았다. 난 그녀에게 붙어보자고 호기롭게 달려들었지만, 그녀는 쿨하게 전장에 들어서기를 거부했다. 그녀는 자신의 카드를 뒤집어 던졌다.

"난 폴드할게요."
"뭔데요?"

쇼다운

리버까지 테이블에 깔린 다음, 서로의 카드를 열어 보이는 단계를 쇼다운 showdown이라고 한다. 보통 마지막 라운드 베팅을 시작했던 플레이어가 먼저 자신의 패를 보여주는 게 상례다. 이때 승산이 없다고 판단되면 자신의 패를 보여주지 않고 머킹할 수도 있다. 내가 이겼는지 졌는지, 어떤 패로 졌는지 상대방에게 알려줄 필요가 없기 때문이다. 섣불리 내 핸드를 보여줬다가 내 전략과 블러핑이 노출될 위험이 있다. 최종 승리는 물론 족보를 가지고 결정한다. 만약 프리-플롭이나 플롭 이후 어떤 단계에서든 올-인을 하게 되면, 커뮤니티 카드가 다 오픈되지 않은 상황에서도 자신의 핸드를 쇼다운해야 한다. 보통 헤즈-업 상황에서 종종 연출되는 장면이다. 많은 홀덤 게임이 중간에 폴드를 많이 하기 때문에 리버까지 가지 않는 경우가 허다하다. 어떻게 보면, 홀덤은 상대방이 마지막 쇼다운까지 가지 못하도록 폴드시키는 게임이다. 가장 좋은 승리는 내 패를 보여주지 않고 팟 사이즈를 한참 키운 다음에 테이블에 모든 플레이어들을 폴드시키는 것이다. 이렇게 쇼다운을 통해 승패가 가려지면, 팟은 한 사람 차지가 된다. 족보가 같아서 승부가 나지 않고 팟을 서로 나누는 경우는 스플릿 split 또는 찹chop이라고 한다.

그녀의 카드를 들춰보려고 손을 뻗자, 그녀는 내 손을 잡았다.

"상대가 버린 카드는 보는 게 아니에요. 상대가 보여주기 전에는."
"쩝……."

그녀는 한동안 내 손을 놓아주지 않았다. 그녀는 나를 응시했다. 순간 나는 자석에 이끌리듯 그녀에게 몸을 기울였고 우리는 누가 먼저랄 것도 없이 스르르 포개져 키스를 나눴다. 가슴이 떨려서 어떻게 시간이 지나갔는지조차 모르겠다.

그렇게 내 인생 첫 번째 홀덤 게임은 상대의 폴드로 승리로 끝났다. 그녀는 칩 대신 입술을 잃었다. 한 게임을 전체적으로 보았을 때, 폴드, 즉 죽을 수 있는 상황은 총 4번이나 된다. 플롭 이전, 플롭 이후, 턴 이후, 리버 이후. 단계가 넘어가면 넘어갈수록 폴드하는 플레이어가 곱절의 내상을 입게 된다. 생짜배기 칩만 내고 결국 팟에서 건지는 것이 하나도 없기 때문이다. 이 4가지 경우 말고도 서로 베팅과 베팅이 맞붙어 레이즈를 하게 될 때 상대에게 밀린다고 판단되어 하는 폴드는 무엇보다 플레이어에게 치명적이다. 피해가 배가 되기 때문이다. 그녀는 나에게 말했다.

"스키는 넘어지는 법부터 배우듯이, 홀덤은 폴드하는 법부터 배워야 해요!"

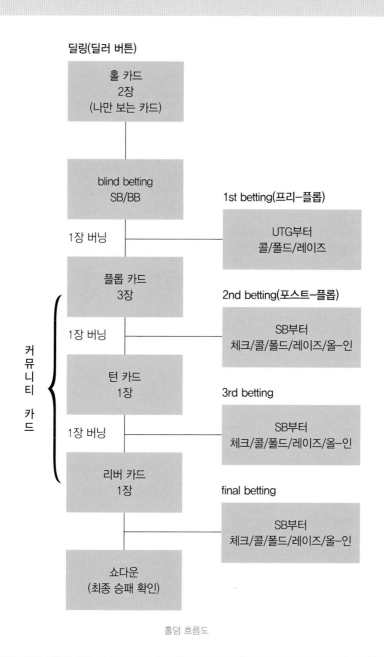

홀덤 흐름도

아웃츠outs

게임을 이길 수 있도록 자신의 패를 향상시킬 수 있는 카드들을 일컫는다. 예를 들어, 10, 9를 들고 있고, 플롭에 Q, J, 2가 깔렸다면, 스트레이트를 완성할 수 있는 카드는 K 4장과 8 4장, 총 8장이 아웃츠다.

애드버타이즈advertise

플레이어가 상대방을 혼란시키기 위해 평소의 전략과는 다른 방식으로 플레이하는 것을 일컫는다. 평소보다 루즈하게 플레이하거나 평소보다 타이트하게 플레이함으로써, 상대방들에게 자신의 실제 플레이 스타일을 노출시키지 않으려는 행동을 말한다.

액션action/acting

자신의 차례가 왔을 때 체크, 베팅, 콜, 폴드, 레이즈 등의 행동을 취하는 것을 일컫는다.

액티브 플레이어active player

폴드 하지 않고 계속 플레이하고 있는 중인 플레이어를 일컫는다.

어그레시브aggressive

어떤 플레이어가 베팅이나 레이즈를 자주하고 공격적으로 게임에 임할 때를 일컫는다. 반대말은 패시브passive다.

언더 더 건under the gun

BB 다음 위치, 즉 프리-플롭 단계에서 가장 처음으로 액션을 하는 위치를 일컫는다. 대표적인 얼리 포지션으로 보통 줄여서 UTG라고 한다.

얼리 포지션early position

테이블에서 베팅 차례가 앞쪽인 상태를 일컫는다. SB, BB, UTG, 혹은 UTG+1까지를 보통 얼리 포지션으로 분류한다. 다른 플레이어보다 먼저 베팅 액션을 취해야 하기 때문에 남들보다 불리한 상태로 게임에 임할 수밖에 없다. 반대를 레이트 포지션late position이라고 한다.

에이비씨 플레이어ABC player

교과서적인 플레이를 하는 초보 플레이어를 일컫는다. 보통 홀덤에 관한 교본과 같은 책을 읽고 그대로 따라하는 사람으로 대부분 타이트하게 게임을 운영하는 경향이 있다.

에이스-하이ace-high

하이 카드로 에이스를 들고 있는 경우를 일컫는다. 국내에서는 보통 에이-탑이라는 표현을 쓴다.

엑시스axs

에이스-엑스 수티드Ace-X suited를 일컫는 용어이다. 즉 핸드 카드로서 에이스와 다른 숫자 하나를 같은 무늬로 들었을 때를 말한다.

엔티ante

게임에 참가한 모든 플레이어에게 일정한 양의 칩을 걸어 팟에 집어넣는 것을 일컫는다. 게임을 시작하면서 의무적으로 베팅하는 기본금으로, 일종의 참가비 내지 밑돈 개념이다. 소극적인 플레이를 줄이고 적극적인 베팅을 유도하기 위해서 엔티값을 높게 설정하기도 한다.

오버 베팅 overbet/oberbetting

노-리미트 홀덤 게임에서 현재 판돈 이상으로 큰 베팅을 한 상황을 일컫는다.

오버 페어 overpair

보드에 깔린 카드들보다 높은 페어를 포켓 페어로 들고 있는 상황을 일컫는다. 예를 들어, 자신이 K-K를 들고 있을 때, 플롭에 J, 9, 6이 깔렸다면 오버 페어가 된다.

오프-수트 off-suit

처음 핸드 2장의 무늬가 다른 경우를 일컫는다. 핸드 2장이 6과 4이고 무늬가 서로 다른 경우, 이를 줄여서 '64o'라고 표현한다.

오픈 페어 open pair

오픈 된 커뮤니티 카드 중 2장이 같은 카드여서 페어를 이루는 경우를 일컫는다. 흔히 '좋났다'로 표현하는 경우가 바로 이 경우다.

오픈-엔디드 스트레이트 드로우 open-ended staright draw

4개의 숫자가 연속되어 있어 양쪽으로 스트레이트를 노릴 수 있는 경우를 일컫는다. 만약, 9, 10, J, Q를 만들었다면, 앞뒤로 8이나 K가 뜨는 경우에 스트레이트가 완성된다.

올-인 all-in

내가 가지고 있는 모든 칩을 베팅하는 경우, 내 칩을 모두 잃은 경우를 모두 올-인이라고 부른다. 콜 금액이 부족해 콜이 불가능할 경우, 자신이 지금 보유한 전 재산을 걸어 콜을 받는 행위를 일컫는다. 다만 올-인을 하고 게임에서 이길 경우에는 각각의 플레이어들에게서 자신이 베팅한 금액을 초과하는 금액은 받을 수 없다. 언제 선언하든 올-인한 사람은 카드 오픈까지 추가 베팅 없이 게임에 참여할 수 있다.

올-인 오버 더 탑all-in over the top

상대가 레이즈를 했는데, 거기에 리-레이즈로 올-인을 걸 때를 일컫는다. 상대가 패가 좋다고 레이즈를 했는데, 거기에 더 과감하게 올-인을 했다는 뜻이다.

잠재적 오즈implied odds

판돈 대비 확률인 팟 오즈pot odds와 비슷하지만, 잠재적 확률에서는 추후에 일어날 베팅까지 모두 염두에 둔 개념을 말한다. 이를 임플라이드 오즈, 즉 잠재적 오즈라고 한다.

체인지 기어change gears

게임 중간에 전략적으로 자신의 플레이 스타일에 변화를 주는 것을 일컫는다. 신중한 플레이에서 공격적인 플레이로, 혹은 공격적인 플레이에서 신중한 플레이로 변화를 주어 상대방이 내 핸드 레인지를 종잡을 수 없게 만드는 전략 중 하나를 말한다.

체크check

판돈을 추가하지 않고 자신의 차례를 넘기겠다는 신호를 말한다. 카드가 돌아가고 처음으로 베팅하는 플레이어가 쓸 수 있다. 이후 다른 플레이어가 체크를 받아들이지 않고 판돈을 올렸다면 체크를 한 사람도 콜을 하든 레이즈를 하든 받아야 한다.

커넥터connectors

핸드 카드가 연속된 숫자를 이루었을 때, 연결되었다connected라고 하며, 그런 카드를 커넥터connectors라고 말한다. 예를 들어 7-8이나 J-Q처럼 나란한 숫자가 등장하는 카드로 이후 커뮤니티 카드에 따라 스트레이트를 만들 확률이 높기 때문에 플레이어들이 선호한다.

커뮤니티 카드community cards

테이블 중앙에 오픈하여 놓게 되는 5장의 카드들을 일컫는다. 모든 플레이어들이 공유하는 카드로써 첫 3장의 카드를 플롭, 4번째 카드를 턴, 마지막 카드를 리버라고 부른다.

커미션commission

카지노가 승자에게서 약 5% 정도 떼어가는 지분으로 일종의 수수료 겸 게임비를 일컫는다. 레이크라고도 부른다.

콜call

앞의 플레이어가 판돈을 올린 것을 받아들인다는 신호를 말한다. 만약 앞선 플레이어가 레이즈를 했는데 여기서 콜을 한다는 것은 그 레이즈 금액을 따라가겠다는 의사표시가 된다. 모든 플레이어가 콜을 하면 베팅 라운드는 다음 과정으로 넘어간다.

콜링 스테이션calling station

게임에서 콜을 자주하는 플레이어를 일컫는 용어다. 상대방의 핸드에 대해 깊이 생각하지 않고, 상대방을 이길 수 있는지 없는지를 보고 싶어 하는 스타일로 블러핑을 잘 하지 않고, 공격적인 베팅도 잘 하지 않는 편이며, 콜을 주로 하기 때문에 이렇게 부른다.

쿼즈qauds

포카드를 지칭하는 다른 표현으로 포카드의 정식 명칭은 포 오브 어 카인드 Four of a Kind다.

테이블에서 서커를 찾아내지 못하면
바로 당신이 그 테이블의 서커다.

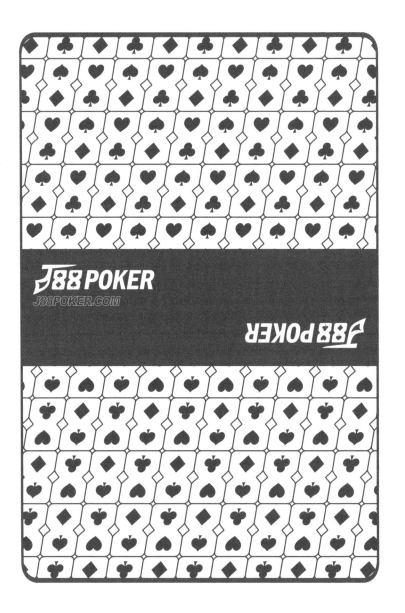

06

이미 시간은 새벽 2시를 지나고 있었다. 우리는 마치 오늘이 마지막인 것처럼 보냈다. 상대의 폴드로 생애 첫 홀덤에서 싱거운 승리를 거둔 나는 소파에 비스듬히 앉아있었다. 내 폐부 깊숙이 긴 호흡을 뿜어내며 천정을 물끄러미 쳐다보았다. 그녀는 내 옆에서 스마트폰을 만지작거리고 있었다. 나는 고개를 돌려 그녀의 얼굴을 들여다보았다. 오똑한 코에서 시작한 라인이 날렵한 턱선을 돌며 가파르게 목젖으로 떨어졌다. 나는 처음으로 그녀가 정면보다 옆면이 더 예쁘다는 사실을 알았다. 사실 그때까지 나는 그녀가 플러시를 잡고도 일부러 폴드해줬다는 사실은 전혀 모르고 있었다. 우쭐해하는 내 옆에 앉아있던 그녀가 갑자기 벌떡 일어나며 말했다.

"자, 이제 본격적으로 핸드를 가지고 승부 보는 법을 가르쳐 줄 게요."

나는 여전히 비스듬히 앉은 채 그녀를 바라보았다. 그녀는 머리카락으로 반쯤 가려진 얼굴을 돌려 나를 응시했다. 마치 나에게 자신의 옆얼굴만 보여주고 싶다는 듯 고개를 정면으로 돌리지 않았다. 나는 몸을 일으켰다.

"기다리고 있었습니다."
"근데 이제부터는 수업료가 들어요."
"뭐라고요?"
"핸드 운용 기술은 아무에게나 가르쳐주는 게 아니에요. 마술사가 자기 트릭을 함부로 가르쳐주는 거 봤어요?"
"큭큭, 그럼 얼마면 되죠?"

그녀는 눈알을 굴리며 조금 생각하다가 답했다.

"시간 당 백만 원!"
"네? 순 날강도."
"단, 지금 당장 받지는 않을 게요. 오늘 카지노에서 따서 갚아요."

난 조금 어이가 없었지만, 왠지 감질나게 구는 그녀의 제안이 나쁘지 않았다. 흔쾌히 답했다.

"뭐, 까짓 거 그럽시다!"

그녀는 내 대답을 미리 예상했다는 듯, 카드를 서플하더니 다시 테이블 위에 촤르르 펼쳤다. 어느새 카드는 오와 열을 맞춘 장난감 병정처럼 수와 모양을 맞춘 채 정렬되어 있었다. 포커를 알아가면서인지 이보다 더 아름다운 그림이 또 있을까 하는 생각이 들었다.

"막간을 이용하여 카드에 대해 얼마나 알고 있는지 테스트해 볼게요."
"네, 좋아요."
"같은 숫자 2개를 맞춘 것은?"

그녀는 펼쳐진 카드에서 텐 2장을 뽑아내며 물었다.

"페어pair!"
"그럼 여기에 텐이 하나 더 떠서 숫자 3개가 맞으면?"
"트리플triple!"

나는 자신있게 답했다. 그녀는 카드를 들어 보이며 말했다.

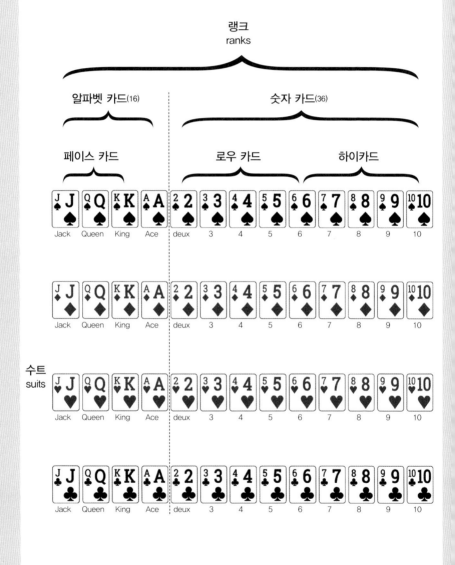

"트리플도 맞지만, 정식 명칭은 쓰리 오브 어 카인드three of a kind 라고 하죠."

"오케이."

"그럼 여기에 텐이 하나 더 떠서 숫자 4개를 맞추면?"

"텐 포카드four card!"

"포 오브 어 카인드four of a kind 또는 그냥 쿼즈quads라고도 하죠. 그럼 숫자가 일렬로 주르륵~ 맞은 것은요?"

"스트레이트straight!"

"잘 아네요. 그럼 무늬로 넘어가보죠. 같은 무늬를 맞추는 것을 흔히 수티드suited라고 해요. 5장의 카드가 수티드된 건 뭐라고 하죠?"

"플러시flush!"

"스트레이트와 플러시가 맞으면?"

"스……티……플!"

짝짝짝! 그녀는 가볍게 박수를 쳤다. 이후로 그녀는 마치 호구조사하듯 이런저런 족보들을 일일이 물었다. 홀덤의 위계는 포커의 전통을 고스란히 따른다. 한 번 해병대는 영원한 해병대이듯, 한 번 로열은 어딜 가나 영원한 로열이다. 홀덤의 승패는 전적으로 포커의 족보로 갈린다. 기본적으로 족보에서는 높은 수의 카드가 낮은 수보다 좋다. 즉 2번 카드보다는 9번 카드가 더 좋은 패다. 그렇다면 A는? A는 1도 되고 14도 된다. J는 11, Q는 12, K는 13이다.

높은 숫자의 카드를 흔히 하이 카드high card라고 한다. 하이 카드는 아무런 족보도 만들지 못했을 때나 상대와 핸드가 비겼을 때 아주 요긴하게 쓰인다. 포커의 모든 랭킹은 전적으로 확률을 통해 결정된다. 랭킹이 높을수록 확률이 더 희박하다는 뜻. 언뜻 복잡해 보이지만, 조금만 들여다보면 누구라도 단 10분이면 이해할 수 있다.

그녀는 냅킨에 쓱쓱 표를 그렸다. 그녀가 완성한 도표는 매우 놀라웠다. 포커의 족보를 그 특성에 따라 5개의 분면에 나누어 표현한 그녀의 천재적인 이해력과 섬세한 관찰력에 나는 새삼 경탄했다. 아무렇게나 그린 듯하지만, 사실 복잡한 걸 간단하게 표현하는 게 더 어려운 법이니까. 그녀는 계속 설명을 이어갔다.

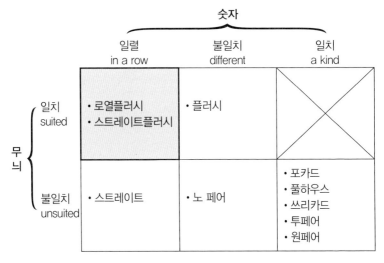

홀덤 족보의 5가지 구성

"포커 족보야 쉽게 알 수 있지만, 실제로 게임을 하다보면 우리나라 방식과 다른 것들이 좀 있어요. 홀덤을 처음 입문하는 사람들이 종종 놓치는 부분이죠. 지금부터 그 부분을 설명해 줄게요. 무

토막상식

포커 족보와 카드 형식

한때는 '악마의 그림책'이라는 멸시의 대상이었던 포커는 이제 올림픽 시범종목을 노릴 만큼 세계적인 마인드 스포츠가 되었다. 하나의 덱에는 조커 2장을 제외하고 52장의 카드가 있다. 2부터 10까지 숫자가 적힌 카드와 J, Q, K, A의 알파벳이 적힌 카드가 각기 스페이드(♠), 다이아몬드(♦), 하트(♥), 클로버/클럽(♣) 4개의 무늬로 52장이 존재한다(종류 13장 × 무늬 4개 = 52장). 간혹 박진감 넘치는 승부를 위해 덱에서 2부터 5까지의 숫자 카드('로우 카드'라고도 함) 16장을 뺀 36장의 카드만 가지고 진행하는 게임을 식스—플러스 홀덤six-plus hold'em 또는 숏—덱 홀덤short-deck hold'em이라고 한다. 숫자는 텐, 나인, 에이트…… 이런 식으로 부르며, J는 잭, Q는 퀸, K는 킹, A는 에이스로 부른다. 2는 투페어와 혼동되는 문제들을 줄이기 위해 보통 '듀스deux'로 부른다. 포커 족보는 대체적으로 확률에 따라 '높은 숫자 카드→숫자 일치→무늬 일치→숫자 일렬→숫자 일렬 + 무늬 일치'의 순으로 진행한다. 같은 패라면 높은 숫자의 카드(하이 카드)가 유리하지만 족보상으로는 가장 낮은 족보고, 숫자 2장을 맞춘 원페어가 그 다음, 숫자 2장을 맞춘 투페어가 그 다음으로 높으며, 숫자 3장을 맞춘 것이 그 다음 높은 순으로 나아간다. 스터드 카드와 달리, 홀덤에서는 오로지 숫자만으로 족보를 나누며 카드 무늬로 서열을 가르지는 않는다. 18세기 미국의 청교도 목회자들은 카드가 활활 타오르는 지옥의 불쏘시개로 쓰인다는 저주의 설교를 했지만, 불구덩이에서 타다 남은 52장의 카드들은 기어코 살아남아 오늘날 홀덤으로 화려하게 부활했다.

늬도 다르고 숫자도 다른 걸 노 페어^{no pair}라고 해요. 아무 것도 안 맞았다고 서열이 없는 게 아니라 높은 수(하이 카드)가 낮은 수(로우 카드)를 이긴다고 보면 돼요. 노 페어가 아니더라도 보통 족보가 동일한 2명의 플레이어가 승패를 나눌 때 하이 카드는 결정적 위력을 발휘해요. 이런 카드를 보통 키커^{kicker}라고 하죠."

"키커? 골대에다 공을 찬다는 건가요?"

"예를 들면, 이런 식이겠죠."

말이 끝나기 무섭게 그녀는 다시 능숙하게 차르륵 패를 돌렸다. 내 패와 자신의 패를 열어 보이며 설명을 이어갔다. 솔직히 그녀의 설명보다 그렇게 마음먹은 대로 카드를 조합해낼 수 있는 그녀의 셔플 실력이 놀라웠다.

"내가 이렇게 A♥, K♥를 들고 있고 지석 씨가 A♠, J♥를 들고 있다고 가정해 봐요. 플롭에 A♦, 8♠, 3♣이 떨어지고 턴과 리버에 각각 6♥과 9♦가 떨어진다면, 과연 누가 이길까요?"

나는 물끄러미 패를 들여다보았다.

"흐음, 둘 다 에이스 원페어잖아요?"

"맞아요. 누가 윈이죠?"

"내가 윈이네. 내 A 무늬가 스페이드인데 스페이드가 하트보다 위니까……."

"땡!"

"으잉? 땡이라구요?"

"네, 홀덤에선 무늬끼리 서열을 따지지 않아요."

"엥? 그런 게 어딨어요."

"우리나라 사람들이 흔히 오해하는 차이점 중 하나죠."

"보통 포커에서 무늬는 스-하-다-크 순 아닌가요?"

"맞아요. 하지만 홀덤만은 예외예요. 오로지 숫자만 가지고 패의 랭킹을 정하죠."

"그럼 똑같이 에이스 원페어니까 비긴 거 아닌가요?"

"둘 다 원페어지만 나머지 카드를 봐요. 내가 K, 지석 씨가 J."

"아하, 그렇다면 K가 J보다 위니까 내가 진 건가요?"

"빙고! 같은 원페어라고 해도 나머지 카드가 높은 하이 카드라면 이기는 거죠. 바로 이런 카드를 키커라고 해요. 승부에서 키커가 얼마나 소중한지 홀덤을 하다보면 금세 알게 될 거예요."

포커 무늬와 족보

포커에는 스페이드(♠), 다이아몬드(♦), 하트(♥), 클로버/클럽(♣) 4개의 무늬suit가 존재한다. 이 중에서 스페이드와 클럽은 검은 색, 다이아와 하트는 빨간 색을 띤다. 각기 불어로 피크pique, 카로carreau, 쾨르coeur, 트레플trèfle이라 불리는 문양들이 포커 무늬의 원형이었다. 4개의 문양들은 당시 유럽의 사회 계급을 반영했던 것으로 보인다. 검을 상징하는 스페이드는 왕족과 귀족 계급을, 성배를 상징하는 하트는 사제 계급을, 돈과 재물을 상징하는 다이아몬드는 상인 계급을, 마지막으로 곤봉(클럽)을 상징하는 클로버는 농민 계급을 각기 나타냈다. 홀덤에서는 무늬로 서열과 승패를 따지지 않기 때문에 족보와 키커가 동일할 때에는 게임이 무승부로 끝난다. 포커에서 무늬를 가지고 만들 수 있는 족보는 플러시가 유일하다. 일단 족보를 만들었다면, 그 이후 무늬는 무시하라! 무늬가 맞는 것을 흔히 수티드suited라고 하며, 무늬가 맞지 않는 것을 언수티드unsuited 혹은 오프-수트off-suit라고 한다. 무늬를 맞추었을 때에는 A-Ks처럼 카드 조합 뒤에 -s를 달고, 무늬가 다를 때에는 A-Ko처럼 뒤에 -o를 단다. 전자를 '에이-케이 수티드', 후자를 '에이-케이 오프-수트'라고 읽는다. 홀덤에서 플러시를 메이드하려면, 커뮤니티 카드에 최소한 수티드된 카드 3장 이상이 깔려야 한다는 것을 명심하라.

그녀는 잠시 말을 멈추고 상념에 잠겼다. 아마 과거 승부를 떠올리는 것 같았다. 비록 경험은 없지만 나는 키커가 중요하다는 그녀의 말을 왠지 이해할 수 있을 거 같았다.

"흐음, 그렇다면 키커가 아니라도 같은 족보를 하이 카드로 만들면 유리하겠네요?"

"무조건! 절대적으로요! 만약 내가 3♦, 4♠, 5♠, 6♣, 7♥를 맞춰서 세븐-하이 스트레이트seven-high straight를 만들었고, 지석 씨가 2♣, 3♥, 4♠, 5♠, 6♣을 맞춰 식스-하이 스트레이트six-high straight를 만들었다면, 같은 스트레이트라도 세븐-하이가 식스-하이를 이길 수 있는 거죠."

151

"오케이. 이해했어요."

나는 고개를 연신 끄덕였다. 그녀는 빙긋 웃었다. 나는 갈증이
와서 냉장고에서 맥주를 하나 꺼내서 치익~하고 캔을 땄다.

"그럼 이건 어떨까요? 스트레이트가 숫자까지 똑같다면?"

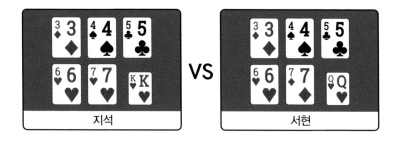

그녀는 테이블 위에 카드를 다시 좌악 펼쳤다. 나는 맥주를 꿀꺽
꿀꺽 마시며 곁눈질로 카드들을 보았다. 둘 다 커뮤니티 카드를 4장
이용한 동일한 숫자의 스트레이트였다. 다른 1장의 카드마저 세븐
으로 동일했다.

"지석 씨가 3◆, 4♠, 5♣, 6♥, 7♥를 만들고 핸드에 K♥를 들고
있고, 내가 3◆, 4♠, 5♣, 6♥, 7◆를 만들고 핸드에 Q♥를 들고 있
다면, 누가 윈이죠?"

"둘 다 세븐-하이 스트레이트네요?"

나는 자신 있게 외쳤다.

"내가 윈이네. 내가 가진 K가 서현 씨 Q보다 높은 키커니까."
"놉! 아니에요."
"엥? 메이드하고 남은 카드가 키커라면서요?"
"아니에요. 홀덤은 커뮤니티 카드든 홀 카드든 무조건 조합해서
반드시 5장만 사용하는 거예요. 그 밖에 카드는 내가 쥐고 있는 거
든 테이블에 깔려 있는 거든 상관없이 승부와 무관해요."
"그럼 이럴 땐 무승부인가요?"
"그렇죠. 스플릿이 난 거죠."

알 듯 말 듯 알쏭달쏭했다. 나는 그녀에게 또 다른 키커의 사례
를 들어달라고 했다. 그녀는 웃으며 다시 카드를 펼쳤다.

"지석 씨에게 A♠, 8♠가 가고 나에게 A♦, 7♥이 왔다고 해보
죠. 플롭에 K♦, J♥, 4♠가 떨어지고, 턴과 리버에 각각 A♥와 Q♣
가 떴다고 가정해 봐요. 누가 윈이죠?"
"흐음, 역시 둘 다 에이스 원페어네요."
"그렇죠."
"내 8이 서현 씨 7보다 위 아닌가요?"

지석

서현

"아니에요. 홀덤은 족보를 만든 다음에도 하이 카드 순으로 나머지 카드를 정리해야 해요. 그러니까 지석 씨도 에이스 원페어말고 커뮤니티 카드에서 K, Q, J를 사용해야 하고, 저 역시 에이스 원페어말고 같은 K, Q, J를 사용하는 거죠."

"그럼 이것도 에이스 원페어에 같은 키커로 스플릿이 난 거네요?"

"빙고! 사실 이건 홀덤을 처음 접하는 초보자들이 자주 실수하는 부분이에요."

그녀는 내 손에 든 맥주를 집어 들더니 시원하게 들이켰다. 손목으로 입을 닦으며 그녀는 설명을 이어갔다.

"다시 아까 스트레이트 이야기로 돌아가죠. 스트레이트에서 각별히 주의해야할 게 하나 있어요. 백스트레이트back straight라고 부르는 A, 2, 3, 4, 5는 스트레이트 중에서 서열이 가장 낮다는 거. 우리나라에서는 보통 '빽줄'이라고 2번째로 높은 스트레이트로 치지만, 홀덤에서는 가장 낮은 족보로 쳐요. 속칭 바이시클bicycle 또는 그냥 휠wheel이라 부르죠."

"헐……."

"반대로 우리나라에서 흔히 마운틴이라고 부르는 A, J, Q, K, 10

가장 낮은 스트레이트

가장 높은 스트레이트

은 로열스트레이트royal straight 혹은 브로드웨이스트레이트Broadway straight라고 하며 스트레이트 중에서 서열이 가장 높아요."

"예를 들면, 내가 2♠, 3♠, 4♠, 5♠, 6♠를 만들었다면?"

"스티플!"

"이걸 식스-하이 스트레이트플러시six-high straight flush라고 해요. 줄여서 보통 스티플이라고도 하죠. 무늬만 맞춘 플러시와는 비교도 안 될 정도로 희박한 확률이죠."

"흐미."

"만약 미친 척하고 2명의 플레이어가 동시에 스티플을 잡았을 경우에는 심장마비를 각오해도 좋아요! 하지만 홀덤에서는 커뮤니티 카드를 공유하기 때문에 스티플끼리 맞붙는 경우도 종종 나와요."

"크핫!"

그녀의 말을 들으니 심장이 쫄깃해졌다.

"아 참, 노파심에서 한마디만 더 하면, A가 하이 카드와 로우 카드의 앞뒤를 연결하는 방식으로는 스트레이트를 만들지 못하는 건 알죠? 예를 들어, Q♠, K♠, A♠, 2♠, 3♠과 같이 A를 타고 앞뒤로 나열된 카드들은 스트레이트로 보지 않아요. 고작 에이-하이 플러시일 뿐이죠."

"몰랐어요."

"초보자들이 가끔 하는 실수죠. A는 게임에서 무조건 1이든 14든 한번만 써야 해요."

"큭큭, 좋다 말았네."

가장 낮은 스티플

이건 스트레이트가 아니다!

"이제 스트레이트플러시의 끝판왕이 남았네요."

"로열플러시?"

"네, 로열스트레이트플러시royal straight flush, 줄여서 그냥 로열플러시라고도 하죠. 똑같은 무늬(수티드)의 A, K, Q, J, 10 카드를 메이드한 경우죠. 로열플러시야말로 포커의 꽃이며 모든 족보 중에 으뜸이에요. 로열플러시를 설명하는 이 순간에도 전율이 느껴질 정도네요."

"아름답네요."

"난 실전에서는 단 한 번도 로열을 잡아본 적이 없어요."

"정말요?"

"네, 온라인 게임에서는 잡았는데, 국제 토너먼트에서는 아쉽게도 아직까지 로열과 인연이 없었죠."

그녀는 로열플러시 카드 5장을 천천히 테이블에 깔며 양미간을 찌푸렸다. 그만큼 드물기에 그만큼 아름답고, 그만큼 희박하기에 눈이 부실만큼 찬연하게 빛나는 게 로열플러시다! 로열플러시를 보고 있노라니 먹지 않아도 배가 부른 것 같았다.

로열스트레이트플러시는 포커의 귀족이며 꽃이다.

"근데 그거 알아요?"

"뭘요?"

"로열을 보다가 원페어를 보면 어떻겠어요?"

그녀는 파이브 원페어를 깔았다.

"흠, 초라해 보이네요."

"근데 웃기는 건요. 원페어가 고작 1.25:1 밖에 안 되는 확률이지만, 개똥도 약에 쓰려면 없다고, 헤즈-업 승부에서 정말이지 이 원페어 하나가 뜨지 않아 사람 피를 말리는 경우가 허다하죠. 큭 큭."

"경험이 있나 봐요?"

"물론이죠. 원페어를 만들면 투페어에, 투페어를 만들면 트리플 에 밟힌 때가 한두 번이 아니죠."

그녀는 고개를 숙이고 쓸쓸하게 웃었다. 문득 이런 생각이 들었 다. 우리는 앞으로 인생에서 얼마나 더 많이 져야 할까?

"그거 알아요? 어제 말했던 엘키가 투페어로 세계 대회에서 약 64억 원의 상금을 거머쥔 사실요."

"그, 그거를 어떻게 알죠? 어떤 선수가 어떤 패로 이겼는지 서현 씨는 다 기억하나 봐요?"

"훗, 홀덤을 배울 때 중요한 승부들은 모조리 외웠어요."

"대, 대단하네요."

"런run이 좋으면 투페어를 이미 맞췄는데 다음 카드에서 페어 하나가 쓰리카드가 만들어지는 경우가 있어요. 이렇게 쓰리카드와 원페어가 함께 나오는 것을 풀하우스full house라고 하죠. 예를 들어, 내가 8♠, 8♦, 8♥, 7♦, 7♣를 만들면, 쓰리카드 + 원페어 = 풀하우스가 되는 거죠."

"그야말로 집이 꽉 찼네요."

"반드시 알아야 할 사항이 하나 있어요. 족보에서 원페어를 제외하고는 모든 핸드가 내가 가진 2장의 카드와 테이블 위에 펼쳐진 커뮤니티 카드 간의 적절한 조합을 통해 만들어져야 한다는 사실이에요. 어쩌면 이건 홀덤이라는 게임이 지니는 숙명과도 같은 거죠."

생각해보면, 그녀의 말이 백번 맞다. 원페어말고는 커뮤니티 카드의 도움을 받지 않는 메이드는 불가능하다. 뒤집어 말하면, 원페어만 숨길 수 있을 뿐 그 이상의 핸드는 모두 커뮤니티 카드에 단서를 노출시킬 수밖에 없다는 뜻이 된다. 멋지지 않은가! 그녀는 카드를 펼치며 설명을 이어갔다.

| ▮ 홀덤의 족보 ▮ |

1. 로열플러시 royal straight flush	10♠ J♠ Q♠ K♠ A♠	같은 무늬면서 10, J, Q, K, A
2. 스트레이트플러시 straight flush	2♠ 3♠ 4♠ 5♠ 6♠	같은 무늬면서 숫자가 순서대로 이어지는 5장
3. 포카드 four of a kind	6♠ 6♦ 6♥ 6♣	같은 숫자의 카드 4장
4. 풀하우스 full house	K♠ K♦ K♥ A♠ A♦	쓰리카드 + 원페어
5. 플러시 flush	2♠ 5♠ 9♠ J♠ K♠	같은 무늬의 카드 5장 (숫자는 무관)
6. 스트레이트 straight	A♠ 2♦ 3♣ 4♠ 5♠	숫자가 순서대로 이어지는 5장 (무늬는 상관없음)
7. 쓰리카드 three of a kind	K♠ K♦ K♥	같은 숫자의 카드 3장
8. 투페어 two pair	A♠ A♦ K♠ K♦	원페어 + 원페어
9. 원페어 one pair	A♠ A♦	같은 숫자의 카드 2장

161

"이를테면, 포카드가 나오려면 내가 가진 카드 2장이 원페어여야만 하고 테이블 위에 깔린 카드 중에서도 내가 가지고 있는 카드와 같은 숫자 2장이 모두 떠야 해요."

"테이블에 쓰리카드가 깔리고 내가 나머지 1장의 카드를 쥐고 있어도 되지 않나요?"

"맞아요. 내가 7♠, 7♥를 원페어로 들고 있다면, 커뮤니티 카드에도 7♣, 7♦ 원페어가 펼쳐져 있어야 해요. 아니면 테이블에 7♥, 7♣, 7♦ 쓰리카드가 뜨고, 내가 마지막 1장의 7♠를 들고 있던지."

"허허허."

갑자기 웃음이 나왔다. 얼마나 희박한 확률인가.

"만약 커뮤니티 카드에 용케 페어가 두 개 깔렸다면, 확률상 당연히 2명의 플레이어가 포카드의 조합을 노릴 수 있을 거예요. 솔직히 여기서부터 골치가 아파지죠. 내가 핸드를 만드는 것만큼 중요한 게 상대가 커뮤니티 카드를 가지고 어떤 핸드를 만들 수 있는가 하는 부분이죠."

그녀의 설명을 듣고 바로 나는 머리를 굴려 보았다. 만약 내가 풀하우스를 노리려면, 쓰리카드와 원페어의 조합이 가능한 패를 내 홀 카드에 각기 1장씩 들고 있고 테이블 위에 최소한 같은 숫자의 원페어가 뜨거나, 아니면 내가 원페어를 들고 테이블 위에 쓰리 카드가 펼쳐져 있어야만 한다. 갑자기 머리에 쥐가 나는 것 같았다. 우와, 이거 쉽지 않구나.

"어지럽네요."
"죽었다 깨어나도 키커! 자나 깨나 키커! 키커 잡아 광명 찾자! 키커를 명심해요!"
"여부가 있겠습니까? 꺼진 키커도 다시 봐야죠, 쩝!"
"커뮤니티 카드는 모든 플레이어가 다 볼 수 있기 때문에, 노런

커뮤니티 카드와 핸드 레인지

프리-플롭에서는 상대의 손에 든 2장의 카드가 무엇인지 가늠하는 것이 쉽지 않다. 단지 상대방의 플레이 성향과 참여 빈도를 보고 결정할 뿐이다. 커뮤니티 카드에 3장이 펼쳐지고 베팅 전략을 관찰하면서, 상대가 노리는 핸드의 범위를 더 정확히 알 수 있게 된다. 이처럼 상대가 메이드하기를 기대하는 핸드의 범위를 핸드 레인지hand range라고 한다. 상대의 핸드 레인지를 가늠하지 않은 채 자신의 패만 믿고 베팅에 들어가는 것은 마른 섶을 끌어안고 불구덩이 속으로 뛰어드는 것처럼 무모한 전략이자 자살행위에 가깝다. 어떤 상황이든지 커뮤니티 카드를 가지고 테이블 위에 앉은 상대방의 핸드 레인지를 그려볼 수 있어야 한다. 그래서 세계 최고의 플레이어 중 하나인 필 아이비Phil Ivy는 "승부에서 내 핸드 레인지보다 상대의 핸드 레인지를 파악하는 것이 더 중요하다." 라고 말하는 것이다.

한 플레이어라면 상대가 베팅이나 레이즈를 할 때 최소한 어느 정도의 핸드를 노리고 있는지 짐작할 수 있게 돼요. 이를 흔히 핸드 레인지hand range라고 하는데, 상대의 핸드 레인지를 읽어내는 것이 홀덤 승부에서는 너무 중요한 기술이에요."

"핸드 레인지?"

"내가 만들 수 있는 핸드의 범위를 말해요. 테이블에 깔린 카드들을 보면서 상대가 어떤 카드를 들고 베팅을 하는지 파악하는 거죠. 만약 에이스가 2장 깔렸다면, 원페어에서부터 포카드까지, 경우에 따라서는 여기서 보는 것처럼 풀하우스도 가능하죠."

"오호."

"솔직히 기술이라고 할 것도 없죠. 하다 보면 자연스럽게 터득할 수 있을 거예요."

"예를 들어, 커뮤니티 카드에 A♥, A♠, Q♥, K♦, 4♣가 깔렸다고 가정해 봐요. 우선 이 상황에서는 플러시의 가능성은 없죠?"

"그렇죠. 적어도 보드에 같은 무늬가 3장 이상은 떠야 하니까."

"그렇다면 이 커뮤니티 카드를 가지고 핸드 레인지를 잡아 보세요."

잠깐! 여기서 여러분들도 다음 페이지로 넘기기 전에 옆의 커뮤니티 카드로 족보를 만들 수 있는 경우의 수를 1등부터 차례로 따져 보자.

아래에 가능한 조합을 적어보세요!

"여기서 만들 수 있는 최상의 조합은 에이스 쓰리카드, 에이스 포카드나 에이스를 쓰리카드로 이용한 풀하우스겠죠. 에이스 1장을 들고 있다면 쓰리카드, 에이스 원페어로 A◆, A♣를 들고 있다면 포카드가 되죠."

"내가 여기서 A와 4만 들고 있어도, 풀하우스가 되네요."

"너무 좋아하지 말아요. 이런 보드라면 다른 플레이어도 얼마든지 풀하우스를 만들 수 있으니까요. 내가 만약 A, K나 A, Q를 들고 있다면, A, 4를 들고 있는 지석 씨보다 키커가 높기 때문에 단번에 밟아버리겠죠?"

"거참, 왜 그렇게 밟는 걸 좋아해요?"

"만약 에이스는 없더라도 Q나 K, 4 중 하나가 있으면, 바로 투페어가 되죠."

"어허, 그렇군요."

"그리고 이런 조합도 가능해요. 만약 내가 J, 10을 가지고 있다면, 간단하게 A-K-Q-J-10의 스트레이트를 메이드하게 되죠. 이 경우, 민석 씨가 에이스 1장 들고 있다고 거칠게 베팅을 들어가다 보면 나한테 여지없이 밟히는 거죠."

"커억!"

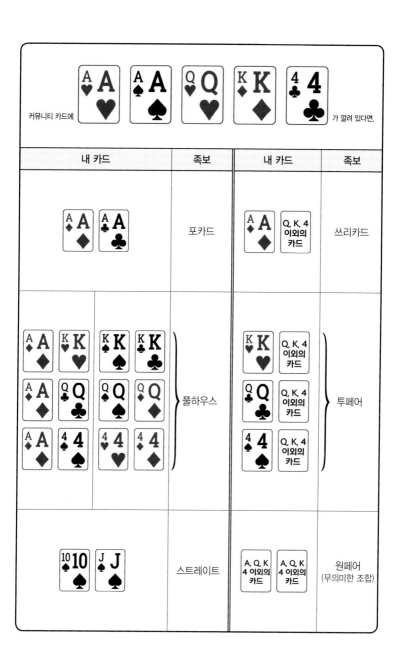

167

가상의 시나리오는 얼마든지 더 확장시킬 수 있다. 만약 홀덤에서 스트레이트를 노린다면, 내가 들고 있는 홀 카드 말고도 최소한 3장의 커뮤니티 카드가 순차적인 숫자로 테이블에 등장해야 한다. 하물며 스트레이트플러시나 로열플러시를 노린다면 커뮤니티 카드의 도움은 두말 하면 잔소리일 것이다. 언제나 그림은 완전하지 않다. 스케치 수준의 암시, 어떤 경우에는 선을 긋다 만 듯 불완전한 그림으로 비치는 경우가 많다. 그 어렴풋한 단서들을 조립하고 짜 맞추어 상대의 전략과 핸드의 범위를 읽어내는 것이 바로 홀덤이라는 게임이다. 그래서 이를 두고 미국의 위대한 포커 플레이어 필 헬무스는 "포커는 80%의 기술과 20%의 운이다."라고 말했다. 운과 겨루어 지략과 경험, 통계와 기술이 기울어진 전세를 역전시킬 수 있다.

플러시를 메이드하려면, 커뮤니티 카드에 '**최소한**' 동일 무늬 3장이 있어야 한다.
스트레이트를 메이드하려면, 커뮤니티 카드에 '**최소한**' 일렬로 숫자 3장이 있어야 한다.
포카드를 메이드하려면, 커뮤니티 카드에 '**최소한**' 동일 숫자 2장이 있어야 한다.
스티플을 메이드하려면, 커뮤니티 카드에 '**최소한**' 같은 무늬인 일렬 숫자 3장이
  있어야 한다.
로열플러시를 메이드하려면, 커뮤니티 카드에 '**최소한**' 무늬가 같은 10, J, Q, K, A 중 3장이
  있어야 한다.

"홀덤에서는 영원한 승자도 영원한 패자도 없어요. 핸드보다 전략이 중요하기 때문에 훌륭한 전략을 가지면 플러시를 든 내가 풀

하우스를 든 상대를 얼마든지 이길 수 있죠. 지석 씨도 이 바닥에서 만 10년 넘게 있으며 잔뼈가 굵은 나를 얼마든지 이길 수 있어요."

"그래요?"

"자, 그럼 여러 상황들을 만들어 볼게요. 지석 씨가 커뮤니티 카드로 무엇을 만들 수 있는지, 내가 어떤 카드를 들어야 하는지 한번 따져 봐요."

"바둑의 묘수풀이 같은 건가요?"

"후훗, 멋진 표현이네요. 맞아요. 묘수풀이."

그녀는 지치지 않고 소매를 걷어붙이고 다시 카드를 펼쳤다. 그렇게 우리는 포커룸 VIP실에서 하룻밤을 함께 지새웠다.

다음은 그녀가 포커룸에서 나에게 내준, 그녀의 손때가 묻어있는 문제들이다. 나는 2개는 맞고 1개는 틀렸다. 이 책을 읽는 여러분들도 아래 커뮤니티 카드를 가지고 나올 수 있는 핸드 레인지 중 가장 높은 핸드부터 9위 핸드까지 생각해보자.

(정답은 177페이지에)

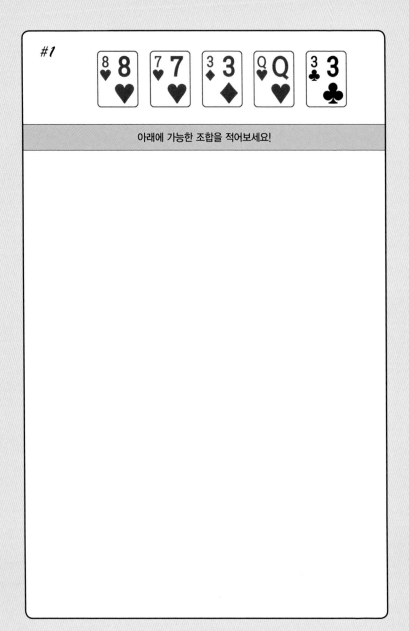

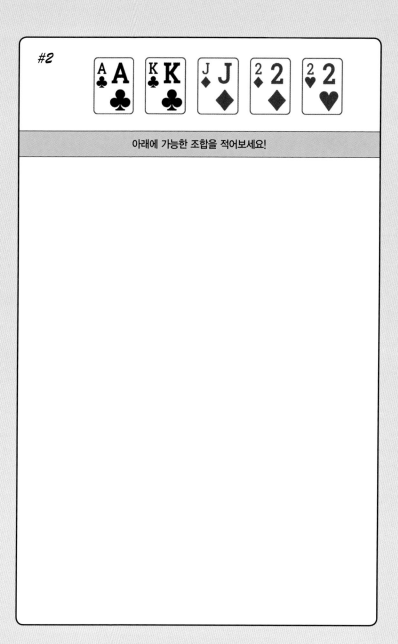

J♦ J ♦ 8♦ 8 ♦ 8♣ 8 ♣ 4♦ 4 ♦ 4♥ 4 ♥

아래에 가능한 조합을 적어보세요!

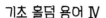

키커kicker

포커 핸드를 만들고 나서 남은 평범한 카드 중 가장 높은 숫자의 패를 일컫는다. 2명의 플레이어가 동일한 족보를 들었을 때, 승부를 결정짓는 최종 카드로 쓰인다. 만약 키커까지 동일하면, 그 다음 키커second kicker로 승부를 결정짓는다. 홀덤에서는 동일한 족보가 자주 뜨기 때문에 승부에서 키커의 역할이 매우 중요하다.

타이트 플레이tight play

많은 핸드로 플레이하지 않고 좋은 핸드가 들었을 때만 플레이하는 스타일을 일컫는다.

턴 카드turn card

플롭 베팅이 끝나고 네 번째로 오픈되는 1장의 커뮤니티 카드를 일컫는다. 이 상태에서 세 번째 베팅이 이루어지며, 턴 카드와 세 번째 베팅을 모두 포쓰 스트리트fourth street라고 부르기도 한다.

틸트tilt

플레이어가 감정적으로 불안한 상태에서 평소처럼 플레이하지 않고 흔들리는 상태를 일컫는다. 보통은 베드 비트를 당하거나 반대로 큰 팟을 이긴 뒤

이러한 현상이 나타난다.

팟pot

지금까지 베팅되어 테이블 위에 쌓여있는 칩들을 일컫는다. 우리나라에서 보통 '판돈'이라고 한다.

팟 오즈pot odds

패가 뜰 확률과 콜할 때의 기대값을 서로 비교하는 것을 일컫는다.

패시브 플레이passive play

베팅이나 레이즈를 잘 하지 않는 수비적인 사람이 하는 플레이를 일컫는다.

포쓰 스트리트fourth street

네 번째 펼쳐지는 커뮤니티 카드, 즉 턴 카드를 일컫는다. 중앙에 오픈되는 5장의 카드 중 네 번째 카드와 이어지는 베팅을 말한다.

포켓 페어pocket pair

처음 나누어준 2장의 카드가 페어를 이루고 있을 때를 일컫는다. 예를 들어, 5-5가 핸드로 들어오는 경우, 이를 포켓 페어라고 말한다.

폴드fold

한마디로 카드를 접고 그 게임을 포기하는 것을 일컫는다. 포기하기 전까지 베팅한 금액은 모두 잃게 된다.

푸시push

딜러와 하는 카지노 테이블 포커에서 딜러와 무승부일 때를 일컫는다. 물론 판돈은 모두 돌려받는다.

푸팅 온 더 히트putting on the heat

공격적으로 베팅하여 상대 플레이어들을 압박하는 것을 일컫는다. 테이블을 후끈 달아오르게 만드는 행위를 총칭한다.

프로텍트 핸드protect a hand

상대가 아웃드로잉outdrawing 하는 것을 막기 위해 상대를 폴드시키려고 공격적으로 베팅하는 것을 일컫는다.

프리 카드free card

테이블에 있는 모든 사람들이 체크를 하여 추가적인 베팅 없이 턴이나 리버 카드를 보게 될 때, 흔히 '공짜 카드'라는 표현을 쓴다.

프리즈-아웃freeze-out

토너먼트 방식 중, 게임에 참가하다가 칩을 모두 잃고 탈락하면 리-바이를 통해 재진입을 할 수 없는 토너먼트 방식을 일컫는다.

프리-플롭pre-flop

홀 카드 2장만 나눠주고 아직 플롭 카드가 펼쳐지기 전의 베팅 라운드를 일컫는다.

플레이 더 보드play the board

최종 패(핸드)를 만드는 5장이 모두 커뮤니티 카드들로 구성되어 있을 때, 즉 핸드에 들고 있는 2장의 카드들이 쓸모가 없을 때를 일컫는다.

플레이 패스트play fast

프리-플롭, 즉 플롭이 나오기 전부터 공격적으로 베팅하는 플레이를 일컫는다.

플롭 flop

처음으로 테이블 중앙에 오픈되는 3장의 커뮤니티 카드를 일컫는다. 플롭 전과 후로 베팅이 이뤄지며, 플롭 이전을 프리-플롭 pre-flop, 플롭 이후를 포스트-플롭 post-flop이라 한다.

피프쓰 스트리트 fifth street

다섯 번째 커뮤니티 카드, 즉 리버 카드를 일컫는다. 테이블 중앙에 오픈되는 5장의 카드 중 마지막 카드와 마지막 베팅을 총칭한다.

핸드 hand

보통 승부를 겨루는 최종적인 5장의 카드를 일컫는다.

헤즈-업 heads-up

노-리미트 홀덤 방식의 게임에서 팟을 두고 2명의 플레이어만이 남은 상황을 일컫는다.

홀 카드 hole cards

처음 각 플레이어에게 나누어 주는 2장의 카드를 일컫는다. 핸드 카드 hand cards 또는 포켓 카드 pocket cards라고도 한다.

1위 - 3 포카드	♠3	♥3
2위 - QQQ33 풀하우스	♠Q	♦Q
3위 - 88833 풀하우스	♠8	♦8
4위 - 77733 풀하우스	♠7	♣7
5위 - 333QQ 풀하우스	♠Q	♠3
6위 - 33388 풀하우스	♠8	♠3
7위 - 33377 풀하우스	♠7	♠3
8위 - AKQ87 플러시	♥A	♥K
9위 - AQJ87 플러시	♥J	♥A

177

1위 - 2 포카드	♠2 ♣2
2위 - AAA22 풀하우스	♠A ♦A
3위 - KKK22 풀하우스	♠K ♦K
4위 - JJJ22 풀하우스	♣J ♣J
5위 - 222AA 풀하우스	♠A ♠2
6위 - 222KK 풀하우스	♣K ♠2
7위 - 222JJ 풀하우스	♣J ♣2
8위 - AKQJT 스트레이트	♥Q ♥10
9위 - 222AK 트립스, 2 하나만 있는 트립스의 키커는 모두 K이므로 무승부	♠2 ♣Q

#3 정답

1위 - 8 포카드	8♠ 8 ♠	8♦ 8 ♦
2위 - 4 포카드	4♠ 4 ♠	4♣ 4 ♣
3위 - JJJ44 풀하우스	J♣ J ♠	J♣ J ♣
4위 - 888JJ 풀하우스	J♣ J ♠	8♣ 8 ♠
5위 - 8 한 장 들고 있는 경우 88844 풀하우스	8♥ 8 ♥	?
6위 - 444JJ 풀하우스	J♣ J ♠	4♣ 4 ♠
7위 - 4 한 장 들고 있는 경우 44488 풀하우스	4♠ 4 ♠	?
8위 - AKJ84 플러시	K♦ K ♦	A♦ A ♦
9위 - AQJ84 플러시	A♦ A ♦	Q♦ Q ♦

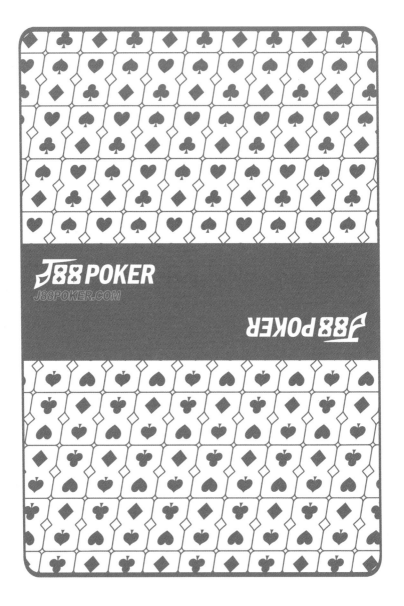

07

상대성이론으로 유명한 20세기 최고의 물리학자 아인슈타인은 '신은 주사위놀이를 하지 않는다.'라고 말했다. 우주를 움직이는 힘은 확률을 넘어선 절대 법칙에서 나온다. 분자생물학자 자크 모노는 『우연과 필연』에서 미시적인 세계의 우연이 쌓여서 거시적인 세계의 필연이 된다고 역설했다. 홀덤은 우연 속에서 필연으로 나에게 다가왔다. 게다가 마리아 최라는 사람까지 내 인생 속으로 들어왔다. 몇 년은 흐른 것 같지만, 가만히 생각해 보니 놀랍게도 모두 하루 만에 벌어진 일이다.

우리는 일찍 포커룸을 나와 호텔 조식을 먹었다. 그녀는 간단한 토스트에 과일을 먹었고, 나는 소시지와 우유, 계란프라이를 먹었다. 조식을 먹은 뒤, 우리는 호텔 수영장 뒤쪽으로 조성되어 있는 정원을 천천히 걸었다.

"조금만 쉬었다 가죠?"
"그럴까요?"

우리는 산책로 중간에 놓인 벤치에 앉았다. 나는 대뜸 그녀에게 말했다.

"고마워요."
"뭐가요?"
"서현 씨가 아니었다면, 홀덤의 세계를 알지 못했을 거예요."
"풋."

그녀는 웃었다.

"지금은 지석 씨가 고맙다고 하지만, 곧 내가 고맙다고 말할 때가 올 거예요."
"그게 무슨 소리에요?"

그녀는 의미심장한 말을 남기고 자리에서 일어났다. 나도 덩달아 일어나 그녀와 다시 정원을 천천히 걸었다. 그리고 우리는 다시 룸으로 돌아왔다. 그녀는 테이블에 앉으면서 말했다.

"초보는 운運을 탓하지만, 프로는 기技를 탓하죠. 오늘 지석 씨는 실전 홀덤 게임에 참여할 거예요."

"내가요?"

"네, 이번 강의가 내 마지막 수업이에요. 초보자들이 프리-플롭에서 어떻게 게임을 진행해야 하는지 살펴보도록 하죠."

그녀는 이유도 설명하지 않고 내 앞에 다시 카드를 펼쳤다.

"홀 카드에서 같은 숫자의 카드가 쏙 들어오는 걸 포켓pocket이라고 해요."

"포켓?"

"주머니 속에 쏙 들어왔다는 거죠. 포켓이 핸드의 가장 기본이에요. 홀 카드 2장을 받았는데 바로 포켓이 뜨면 전투에서 매우 유리한 고지를 선점한 거죠."

"……."

"그런데 현실에서는 포켓이 뜨는 게 쉽지 않죠. 보통은 처다보기도 싫은 개패가 떨어지곤 하죠. 포켓 다음으로 좋은 카드는 수티드 커넥터suited connector에요."

"수티드 커넥터?"

"네, 아직 핸드를 메이드하지는 못한 상태지만, 플롭 이후 상황에 따라 꽤 괜찮은 카드로 발전할 수 있죠. 한마디로 확장성, 발전성이 있는 카드를 말해요. 이도저도 아닌 개패를 흔히 가비지garbage, 즉 쓰레기라고 하는데, 초보자는 내 핸드에서 가비지와 쓸모 있는 핸드들을 구분할 수 있어야 해요."

"한마디로 쓰레기를 잘 버려야겠군요."

"그렇죠. 혹시 수학 좋아해요?"

"저…… 수포자예요."

뜬금없이 수학 이야기가 나오자 나는 넌덜머리를 냈다. 그녀는 웃으며 말했다.

"무늬가 같은(수티드) 카드 조합은 홀덤에서 서열이 같으니까 처음 받는 카드 2장의 조합은 169가지가 돼요."

"169개의 핸드는 13개의 포켓 페어, 78개의 수티드 핸드, 그리고 78개의 언수티드(오프-수트) 핸드로 이루어져 있어요($13+78+78=169$). 자연스럽게 1등부터 169등까지 순서대로 핸드에 등수를 매길 수 있겠죠?"

"흐음. 일리 있어요."

"169개의 조합이 모두 동일한 빈도수로 나오는 것이 아니기 때문에 169개의 서열을 염두에 두는 것은 매우 중요해요. 예를 들어,

169개의 조합 중에서 A-A, 에이스 원페어를 핸드로 쥐게 될 경우의 수는 다음의 6종류 밖에 없죠."

"으윽, 벌써부터 포기하고 싶네요."

"후훗, 너무 골치아파하지 마세요. 이건 아무 것도 아니에요. 누구든 조금만 게임을 돌다 보면 금세 터득할 수 있는 수준이니까요."

"그, 그럴까요?"

솔직히 자신이 없다. 그녀는 내 속마음을 알았는지 틈을 주지 않고 계속 설명을 이어갔다.

"이런 식으로 생각해 보면, A-K 언수티드는 12종류나 되지만,

A-K 수티드는 고작 4종류 밖에 없죠. 당연히 게임에서는 언수티드 보다 수티드가 훨씬 좋은 핸드인 거예요. 이런 식으로 유리한 핸드 순으로 2장의 카드를 정리한 표를 흔히 스타팅 핸드 차트^{starting hand} ^{chart}라고 해요."

"스타팅…… 뭐요?"

"스-타-팅-핸-드-차-트!"

그녀는 또박또박 발음하고 냅킨에 영어로 스타팅 핸드 차트를 쓰면서 스타팅에 두세 번 원을 그렸다.

스타팅 핸드 차트(207 Page 참고)

홀덤에서 내가 가진 2장의 홀 카드를 가지고 어떻게 게임을 운용할지 다양한 전략이 존재하지만, 이를 도와주는 간단한 접근이 바로 스타팅 핸드 차트^{starting} ^{hand chart}다. 줄여서 SHC라고 하는데, 홀덤을 처음 접하는 이들이 꼭 알아둬야 할 개념이다. 이 차트는 자신이 앉은 포지션에 따라 어떤 핸드들을 어떤 식으로 플레이할 수 있는지 가이드라인을 제시해준다. 스타팅 핸드 차트는 수준에 따라, 테이블에 앉은 사람 수에 따라, 자신의 포지션에 따라 달라진다. 차트에서 추천한 레인지 역시 팟에 참여하기 이전에 폴드 혹은 콜만 있었을 때만 유효하다. 이전에 누군가가 레이즈를 한 사람이 있다면, 핸드 차트에서 제시한 것보다 더 인색하게 베팅을 가져가야 한다. 스타팅 핸드 차트는 절대적인 것은 아니며 케이스-바이-케이스로 상황에 따라 전략을 바꿀 수 있다.

"이 차트는 가장 처음 시작할 때 쓰는 거예요. 프리-플롭에서 내가 가장 먼저 무엇을 할 수 있을까 고민할 때 가장 기본적인 전략이 될 수 있는 게 이 스타팅 핸드 차트에요."

"그럼 169개의 차트가 있겠군요."

"그렇죠. 물론 그 안에서 확률에 따라 여러 그룹으로 묶을 수 있겠지만, 1등부터 169등까지 존재하는 셈이죠."

"……"

"169개의 스타팅 핸드 조합 중에서 각기 페어 13종류, 스트레이트플러시 드로우 46종류, 스트레이트 드로우 46종류, 플러시 드로우와 노 드로우는 같이 32종류가 존재해요. 우선 복잡하니까 실전 테이블에 앉기 전 몇 개만 살펴봐요."

그녀는 계속 설명을 이어갔다. 홀덤에서 드로우draw는 숫자에서든 무늬에서든 일정한 질서를 발견하여 메이드 가능성이 높다고 여겨지는 핸드를 말한다. 아직 원페어도 아니지만, 커뮤니티 카드에 따라 다양한 메이드를 만들 수 있는 핸드를 통칭한다. 당연히 핸드에 '퐁당퐁당' 숫자를 들고 있는 초보 플레이어는 커뮤니티 카드 하나에 일희일비하게 되고 연관성이 있는 숫자의 카드끼리 연결하는 브리지가 뜨기를 학수고대한다.

"169개의 스타팅 핸드 중에서 이런 드로우들을 어떻게 운용하는가가 홀덤의 성패를 가른다고 보면 돼요."

"드로우가 개패로 끝날 수도 있겠군요."

"안타깝지만, 그렇죠."

"그럼 걍 나가리 되는 건가요?"

"운명은 단 2가지죠. 마지막에 내상을 입은 채 그냥 폴드하거나 끝까지 블러핑을 하거나."

희망고문으로 끝날지 대역전극의 주인공이 될지 드로우의 운명은 커뮤니티 카드에 달렸다. 물론 커뮤니티 카드를 볼지 안 볼지도 전적인 내 소관이다. 칩이 많을 때(딥 스택deep stack이라고도 함)와 적을 때, 게임의 초반일 때와 후반일 때 드로우의 운용 전략이 다르고, 몇 명의 플레이어가 참여하는지, 내 포지션은 어디인지에 따라

드로우 핸드

아직 원하는 족보를 메이드하지 못했지만, 앞으로 펼쳐질 커뮤니티 카드에 따라 얼마든지 족보를 메이드할 수 있는 카드를 드로우draw라고 한다. 물론 확장성이 있는 카드지만 아직 제대로 된 핸드를 메이드한 상태가 아니기 때문에 베팅을 진행할 때는 여러 모로 주의해야 한다. 무턱대고 리버까지 따라가며 베팅을 진행했다가 자칫 드로우를 완성시키지 못했을 때에 입는 내상은 상상을 초월하기 때문이다. 드로우에는 여러 가지 종류가 있는데, 보통 오픈-엔디드 스트레이트 드로우, 플러시 드로우, 것샷 스트레이트 드로우, 더블 것샷 스트레이트 드로우 등이 있다.

드로우의 가치(밸류value라고도 함)가 달라진다. 그녀의 말을 들으니 테이블에서 따져보고 분석하고 파악해야 할 것들이 한두 가지가 아니다. 왜 홀덤을 마인드 스포츠라고 하는지 알 것 같았다.

"흔히 가장 좋은 핸드를 프리미엄 핸드premium hands'라고 해요."

그녀는 촤르르 카드를 보여 주었다. 세상에는 만 원 1장으로 살 수 있는 짝퉁 비닐백도 있지만, 하나에 수백만 원을 호가하는 명품 가죽백도 있다. 고속도로에는 채 천만 원이 넘지 않는 경차도 있지만, 한 대에 수억 원 하는 프리미엄 스포츠카도 달린다. 홀덤 테이블에서도 마찬가지다. 별 볼일 없는 그렇고 그런 핸드들도 있지만, 누구랑 붙어도 극강의 전투력을 선보이는 프리미엄 핸드도 있는 법이다.

"이 핸드를 들고 있으면 언제 어디서든지 레이즈, 혹 리-레이즈를 할 수 있어요. 내가 어떤 포지션에 앉아 있든, 커뮤니티 카드에 무슨 패가 뜨든 크게 영향을 받지 않는 핸드이기 때문에 이길 확률도 가장 높죠."

"와, 이게 뜨면 걍 완빵이군요."

"흐흐, 그렇죠. 플레이어들마다 약간의 견해 차이는 있지만, A-A, K-K, Q-Q, J-J, A-K, A-Qs 정도를 프리미엄 핸드라고 해요."

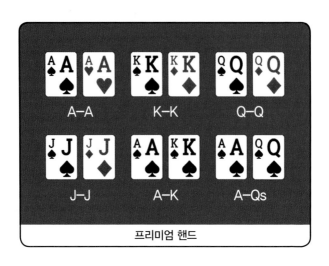

프리미엄 핸드

그녀는 능숙하게 카드를 딜링했다. 내 눈앞에 강력한 포켓 핸드들이 펼쳐졌다. 전장에서 승리하고 돌아온 장수들을 불러 베푼 만찬의 향연이었다. 아니 출정을 앞둔 장수들의 날카롭게 벼린 창끝과 같았다. 게임은 처음 나에게로 들어온 핸드로부터 출발한다. 프리미엄 핸드를 들고 있다면 프리-플롭 상황에서 칩을 많이 넣어 다른 플레이어들을 폴드시킨 다음, 테이블을 헤즈-업 상황으로 끌고 가는 것이 좋을 것이다. 나는 그녀의 이야기를 듣고 갑자기 생각이 많아졌다. 홀덤의 승패는 어쩌면 스타팅 핸드의 운용에 달렸다고 봐도 좋을 듯싶었다.

"프리미엄 핸드 수준은 아니지만 그에 못지않은 강력한 위력을 가진 핸드가 있어요. 바로 준-프리미엄 핸드semi-premium hands죠. 프리미엄 핸드와 붙을 때를 제외하고는 게임에서 이길 확률이 가장 좋은 핸드라고 할 수 있어요."

"세미-프리미엄……?"

"네, 보통 A-Qo, K-Qs, A-Js, A-Ts, T-T, 9-9처럼 하이 카드가 뜨는 경우가 여기에 해당해요."

그녀는 다시 테이블 위에 촤르르 패를 펼쳤다. 프리미엄 핸드 아래로 준-프리미엄 핸드들이 일렬종대로 나란히 도열했다.

"반면 멀티웨이 핸드multiway hands가 뜨면 머리가 조금 복잡해지죠."

"멀티웨이?"

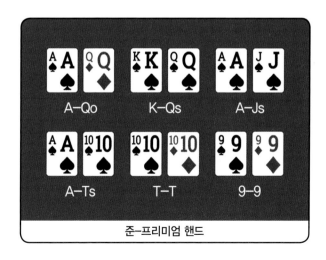

준-프리미엄 핸드

"A와 수티드된 숫자(A-x 수티드)나, 수티드 4-5부터 J-T까지(수티드 커넥터), 2-2, 3-3, 4-4, 5-5, 6-6 같은 로우 카드 원페어 핸드를 말해요. 보수적으로 플레이할 때에는 7-7, 8-8까지 여기에 넣기도 해요. 이 핸드는 헤즈-업보다는 테이블에 여러 명이 남아 있는 상황이 훨씬 유리하죠."

"베팅을 마구 지르는 건 안 좋은 생각이겠네요?"

"그렇죠. 멀티웨이 핸드를 운용하려면 내 포지션이 중요해요. 레이트 포지션일 때 활용하는 것이 바람직하며 섣불리 들어가는 것보다는 상대의 핸드 레인지를 가늠하고 전략을 짜야 해요. 멀티웨이 핸드가 프리미엄 핸드나 준-프리미엄 핸드보다 유리한 점도 있어요. 상대가 내 핸드 레인지를 파악하는 것이 훨씬 어렵고 나는 그만큼 내 핸드를 숨길 수 있거든요. 그만큼 내 핸드의 노출이 적기 때문에 가끔씩 예상 외로 잭팟을 터트릴 수 있어요. 또한 마지널 핸드marginal hands라는 것도 있어요."

"뭐 이것저것 많네요, 쩝."

"별 거 아니에요. 한두 번 게임을 돌리다 보면 금세 이해하게 될 거예요."

"큭, 정말 그럴 지는 두고 봅시다."

"마지널 핸드는 버리기에는 아깝고, 전투를 하기에는 애매한 핸드죠. 한마디로 먹기는 싫고 버리기에는 아까운 계륵鷄肋과 같다고나 할까요?"

"먹기는 싫고 버리기엔 아깝다?"

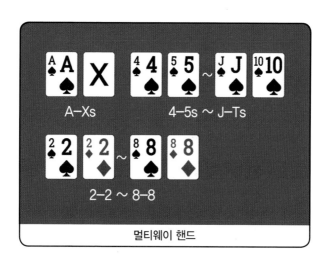

A–Xs 4–5s ~ J–Ts

2–2 ~ 8–8

멀티웨이 핸드

"이런 핸드들이 사실 중요해요. 이런 핸드들을 버리지 않고 잘 운용하면 자잘한 중원의 전투에서 솔찮게 팟을 먹을 수 있거든요."

"나 같으면 그냥 버릴 것 같은데……."

"이런 핸드들을 자꾸 버리면 너무 타이트한 플레이를 하게 되면서 잘못하면 상대에게 내 전략을 노출시킬 수 있어요."

"……."

"상대는 당연히 '아, 저 친구는 저런 패가 들어오면 늘 죽는구나.'라고 안심하거나 단정하게 돼요. 상대에게 내 전략과 핸드가 읽히는 순간, 나는 바로 서커로 떨어지는 거예요. 명심하세요. 홀덤은 내가 어떤 패를 쥐고 어떤 전략에 임하는지 상대가 헷갈리게 만드는 게임이에요."

서커로 떨어질 거라는 그녀의 말에 정신이 번쩍 들었다. 상대에게 탈탈 털려서 칩을 날리는 상상을 하면서 나도 모르게 진저리를 쳤다. 홀덤은 포커의 모든 전술이 유용한 전략 게임이자 혹독한 심리 게임이다. 일단 테이블에 앉아 게임을 시작하면, 상대의 플레이에서 2가지를 먼저 파악해야 한다. 포커계 내에서 전통적으로 내려오고 있는 이 2가지 기준은 나의 플레이와 상대의 플레이 스타일을 맞비교하는 준거reference가 된다. 그녀는 설명을 이어갔다.

- 빈도frequency : 얼마나 자주 게임에 참여하는가?
- 강도intensity : 얼마나 많은 베팅을 하는가?

"홀덤 플레이는 크게 4가지 방식이 있어요. 게임에 참여하는 빈도수와 베팅의 강도에 따라 타이트tight, 루즈loose, 어그레시브aggressive, 패시브passive 이렇게 4가지로 나뉘죠."

"타이트, 루즈, 어그레시브, 패시브?"

"어지간한 핸드가 아니면 아예 판에 끼지 않는 플레이어를 흔히 타이트(엄격)하다라고 말해요. 반면 별 볼일 없는 핸드로도 자주 판에 끼는 플레이어를 루즈(느슨)하다고 하죠. 지석 씨는 자신이 어떤 타입인 거 같아요?"

"으음, 난 아무래도 타이트할 거 같네요."

"뭐가 좋다 나쁘다고 할 수는 없어요. 2가지 다 장단점이 있죠.

두 번째 구분은 베팅 스타일에 관한 것인데, 베팅과 레이즈를 자주 하고, 또 높은 액수의 레이즈를 즐기는 플레이어를 어그레시브(공격적)하다라고 하고, 레이즈를 자주 하지 않을 뿐더러 레이즈를 하더라도 적은 금액을 하면서 콜을 자주 하는 플레이어를 패시브(수비적)하다라고 하죠."

그녀는 볼펜을 들고 냅킨에다 다시 그림을 그렸다. 벌써 그녀가 끄적거린 냅킨이 여러 장 나뒹굴고 있었다. 4가지 형태에 따른 4사분면을 그리고 그 안에 각기 다음과 같이 썼다.

	루즈	타이트
패시브	**콜링 스테이션** 많은 핸드로 플레이함(25~40% 이상) 수비적으로 플레이함(베팅↓, 콜↑) 흔히 피시들이 많이 보이는 행태	**록** 적은 핸드로 플레이함(15~20% 이하) 수비적으로 플레이함(베팅↓, 콜↑)
어그레시브	**레그** 많은 핸드로 플레이함(25~40% 이상) 공격적으로 플레이함(베팅↑, 콜↓)	**태그** 적은 핸드로 플레이함(15~20% 이하) 공격적으로 플레이함(베팅↑, 콜↓) 흔히 샤크들이 종종 보이는 행태

홀덤 플레이의 4사분면: 음영 처리된 부분이 피시들의 집합소이며, 이 부분을 집중 공략해야 한다.

홀덤과 경기 운영

홀덤에는 크게 4가지 경기 운영 방식이 있다. 타이트한tight 경기 운영을 하는 플레이어가 좋은 패가 나왔을 때에만 베팅에 참여한다면, 루즈한loose 경기 운영을 하는 플레이어는 좋건 나쁘건 다양한 핸드를 가지고 베팅에 참여한다. 타이트한 플레이어는 자주 폴드를 하며 경기를 안정적으로 운영한다고 볼 수 있지만, 상대에게 자신의 경기 운영 방식을 예측가능하게 노출시킨다는 단점이 있다. 루즈한 플레이어는 경기를 방만하게 운영하고 자칫 칩을 잃을 수 있다고 보이지만, 상대가 종잡을 수 없는 플레이를 하므로 베팅을 통해 상대를 흔들어 놓을 수 있다. 반면 패시브한passive 경기 운영을 하는 플레이어는 상대의 베팅에 소극적이고 수비적인 자세를 취하며, 어그레시브한aggressive 운영을 하는 플레이어는 칩을 잃는 것을 두려워하지 않는 싸움닭과 같다. 패시브한 플레이어는 베팅이나 레이즈보다는 체크나 콜을 더 자주하며, 반대로 어그레시브한 플레이어는 베팅이나 레이즈를 자주한다. 베팅 금액도 차이가 난다. 패시브한 플레이어는 상대의 베팅에 콜로 응수하는 경향(이를 보통 림프limp라고도 함)이 강하고, 어그레시브한 플레이어는 레이즈에 리-레이즈, 쓰리-베트에 포-베트를 가기를 즐긴다. 이 중에서 루즈-패시브 플레이어는 종종 많은 팟에 동참하고, 콜을 자주 외치기 때문에 콜링 스테이션calling station이라고 부른다. 샤크들의 타깃이 되기 쉽다. 반면 타이트-패시브 플레이어는 너무 타이트하게 운영하다 보면 정작 좋은 핸드를 가지고도 상대 플레이어들이 따라오지 않고 죽기 때문에 많은 팟을 가져올 수 없게 된다. 이런 유형의 플레이어를 보통 바윗돌 같다고 해서 록rock이나 니트nit라고 부른다. 반면 루즈-어그레시브 플레이어는 다양한 핸드를 들고 베팅에 참여한다. 노-리미트 홀덤에서는 이런 유형의 플레이어가 큰 효과를 보기도 한다. 이들은 자신의 칩을 무기 삼아 상대를 무참히 무너뜨리기 위해 블러핑을 일삼는다. 개중에 극단적인 형태로 마구 지르고 보는 매니악maniac이 있다. 반면 매니악과 비슷한 플레이 스타일을 가진 스트롱strong은 진정 실력파로 분류된다. 타이트-어그레시브 플레이어는 좋은 핸드가 쥐어졌을 때에만 선택적으로 참여하지만, 이러한 스타일의 가장 큰 문제점은 플롭에서 역전되는 경우가 많이 발생하고, 또 상대에게 너무 쉽게 읽히게 된다는 점이다.

"초보(피시)들이 가장 많이 보이는 플레이 형태가 바로 진하게 칠한 이 부분이에요. 콜만 자꾸 외친다고 해서 보통 포커꾼들 사이에서 콜링 스테이션이라고 하죠."

"흐흐, 내가 있는 곳이로군."

"타이트한 플레이어는 적은 핸드를 들고 플레이를 하는 반면, 루즈한 플레이어는 많은 핸드를 들고 플레이에 임하죠. 어그레시브한 플레이어는 공격적인 베팅을 하지만, 패시브한 플레이어는 수비적인 베팅만 하죠. 4사분면의 조합에 따라 4가지 성향의 플레이어가 만들어지게 되죠. 대부분의 홀덤 플레이어는 반드시 이 중 하나에 속하게 돼요. 플레이 성향은 억지로 정한다고 할 수 있는게 아니에요. 평소 자신의 생각과 기질, 게임에 임하는 자세와 철학에 의해 결정되죠. 물론 우리가 늙어가면서 하나씩 둘씩 주름이 늘어나듯, 홀덤 역시 시간이 흐르면서 플레이 스타일도 점차 달라지죠."

나는 그녀의 설명을 들으며 홀덤이 우리의 인생과 닮았다고 생각했다. 어쩌면 홀덤은 내가 생각했던 것보다 인생의 훨씬 깊고 다양한 측면들을 보여주는 드라마라고 여겨졌다.

"플레이를 하면서 의도적으로 내 플레이 방식을 바꿀 수도 있어요. 왜 복싱 선수들 중에도 오소독스 스타일로 싸우다가 상대의 전략에 따라 변칙 사우스포로 자세를 바꾸는 이들이 있잖아요? 홀덤에도 상대가 자신의 플레이를 규정하지 못하도록 변화무쌍한 전략을 구사하는 친구들도 있죠. 물론 그럴 수 있는 플레이어는 세계에서 정말 손에 꼽을 정도의 실력을 가진 선수들이겠죠. 보통은 50판, 100판 정도 하다 보면 대충 플레이의 밑천이 빤히 드러나죠."

무슨 스포츠든 자세가 중요하다는 이야기다. 골프를 처음 배울 때, 티-샷의 중요성을 코치로부터 귀에 딱지가 앉을 정도로 들었다. 수영을 배울 때에도, 테니스 라켓을 처음 잡았을 때에도, 하다 못해 500원짜리 야구 타격장에서 배트를 휘둘러도 모두 바른 자세에서 정확한 퍼포먼스가 나오는 법이다.

"그러니 마지널 핸드를 가지고 자꾸 죽는 것은 내 플레이를 상대에게 노출시키는 꼴이 되는 거예요."

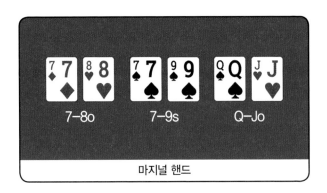

마지널 핸드

"그렇다면 마지널로도 운용할 수 있는 핸드가 있다는 건가요?"
"물론이죠. 첫 번째 언수티드된 나란한 숫자는 대표적으로 마지널 핸드에 해당하죠. 예를 들어, 7♥와 8♠처럼 무늬는 안 맞지만 숫자가 나란히 진행하는 핸드들이 여기에 속해요. 때에 따라서 스트레이트로 발전할 가능성이 있으니까요."

"두 번째 수티드된 하나 건너 뛴 숫자들도 대표적인 마지널 핸드들이에요. 홀덤에서는 수티드 개퍼suited gapper라고 부르죠. 숫자 하나를 비워둔 채 무늬가 일치한 카드 2장이 나온 상황이에요."
"7♥과 9♥ 같은 경우를 말하는 건가요?"

수티드 커넥터

수티드 개퍼

"네, 맞아요. 분명 수티드 커넥터에 비해서는 좋지 않은 핸드거든요. 예를 들어, 7♥와 9♥처럼 8♥를 비워둔 채 잡은 핸드들이죠. 이때 메이드를 하려면 들어와야 하는 숫자를 흔히 아웃츠outs라고 해요. 이 경우에는 8이 되겠죠. 플롭에 따라 스트레이트나 플러시를 노릴 수 있는 아주 좋은 드로우죠."

"흐음."

"이외에도 Q-Jo 같은 2장의 언수티드 하이 카드도 마지널 핸드로 잡아요. 이러한 핸드들은 프리미엄 핸드처럼 강력한 전투력을 발휘하지 못하기 때문에 항상 레이트 포지션에서만 부분적으로 활용해야 합니다. 포지션이 뒤로 갈수록, 테이블에 플레이어가 많을

아웃츠

아웃츠outs는 플롭 이후 자신의 핸드를 발전시킬 수 있는 남은 카드들을 말한다. 예를 들어, 핸드에 하트 2장을 쥐고 있고 보드에 이미 하트 2장이 더 있으면 플러시 드로우 상태인데, 이때 필요한 아웃츠는 총 13장의 하트 중에서 현재 공개된 4장의 하트를 뺀 9장의 하트가 된다. 만약 핸드와 보드를 합쳐 5, 6, 7, 8처럼 오픈-엔디드 스트레이트 드로우을 메이드했다면, 3이나 9 중에 한 장이 있어야 하니까 4장의 3과 4장의 9, 합이 총 8장의 아웃츠가 필요한 셈이다. 아웃츠는 플롭 이후에 플레이어가 자신의 핸드를 가지고 어떤 베팅을 진행할지 판단하는 중요한 기준이 되기 때문에 매우 중요하다. 앞서 말한 오픈-엔디드 스트레이트의 아웃츠가 8장일 때 확률은 31.5%이므로 내가 턴과 리버에서 어떤 카드를 쥐게 될지 그 가능성을 어느 정도 예측하고 액팅을 할 수 있게 된다.

수록 이 드로우는 생각보다 꽤 괜찮은 전투력을 가질 수 있어요."

"나중에 가면 드로우에 빵꾸가 중간이 아니라 양쪽으로 난 경우도 있는데, 이를 오픈-엔디드 스트레이트 드로우open-ended straight draw 라고 불러요. 속칭 '양빵'이라고 하는데, 오픈-엔디드라는 말처럼 양쪽으로 구멍이 나있는 경우가 되죠."

"양빵이라……."

"이를 테면, 내가 9, 10, J, Q까지 메이드한 상태에서 턴이나 리버에 앞에 8이나 뒤에 K가 뜨면 바로 스트레이트가 되는 거죠. 하지만 이건 보통 프리-플롭에서는 알 수 없기 때문에 나중에 더 자세히 설명할게요."

그녀의 군더더기 없는 설명에 나는 드로우의 과정을 빠르게 이해할 수 있었다. 그녀는 마지막 노 드로우를 쓰레기 핸드 또는 가비지라고 불렀다. 이 경우는 괜히 들고 있지 말고 바로 폴드하는 것이 좋다고 말했다. 안타깝게도 실전에서 가장 많이 마주칠 수 있는 핸드가 바로 이런 가비지들이다. 확장성과 발전 가능성이 거의/전혀 없는 핸드이기 때문에 블러핑만이 거의 유일한 전략이다. 초보자들은 고민하지 말고 바로 쓰레기를 처분할 것! 스타팅 핸드 차트에서 5가지 특징적인 핸드 그룹을 도표로 나타내면 다음과 같다.

프리미엄 핸드 premium hands	A-A, K-K, Q-Q, J-J, A-K, A-Qs ···	포지션과 상관없이 강하게 싸울 수 있는 최고의 핸드
준-프리미엄 핸드 semi-premium hands	K-Q, A-J, T-T, 9-9, 8-8 ···	프리미엄 핸드 다음으로 강력한 전투력을 가진 핸드
멀티웨이 핸드 multiway hands	A-Ts, A-9s, A-8s, A-7s, A-6s, A-5s, A-4s, A-3s, A-2s, 4-5s, 5-6s, 6-7s, 7-8s, 8-9s, 9-Ts, T-Js, 2-2, 3-3, 4-4, 5-5, 6-6, 7-7 ···	여러 명이 플레이할 때, 주로 레이트 포지션에서 운용하면 큰 수익을 기대할 수 있는 핸드
마지널 핸드 marginal hands	7-8o, 8-9o, 9-To, 7-9s, 8-Ts, 9-Js, Q-Jo ···	레이트 포지션에서 부분적으로 활용하여 적은 팟을 먹을 수 있는 핸드
쓰레기 핸드 garbages	그 밖의 나머지 핸드들	발전 가능성, 확장성이 없기 때문에 바로 폴드해야 할 핸드

스타팅 핸드 차트는 플레이를 단순하게 만들어 준다. 망망대해 칠흑 같은 어두움에 갇혀 한치 앞도 볼 수 없는 막막한 상황에서 아무리 성능이 좋다 하더라도 AA 배터리 2개 들어가는 손전등 하나로 배를 항해할 수는 없다. 정확한 암초의 위치를 보여주는 등대가 있어야 안전하게 항구까지 배를 끌고 갈 수 있는 법. 홀덤이라는 대양에 표류하는 일엽편주 같은 초보자들에게 그래서 SHC는 등대와 같은 고마운 존재다.

"물론 차트만 가지고 플레이해서는 안 돼요. 차트는 최고의 플레이어가 되기 위한 첫걸음에 불과하죠. 시간이 흘러 차트로 경험이 축적되면 점차 기본 이상의 플레이를 할 수 있게 되고, 다양한 핸드와 게임을 거치면서 비로소 차트를 응용하고 뛰어 넘을 수 있게 돼요. 그때까지는 차트를 총알이 빗발치는 전쟁터에 입고 나가는 방탄조끼쯤 생각하면 좋을 거예요."

그녀의 말에 따르면, 기본적으로 차트대로 플레이를 했을 때의 장점은 다음과 같다고 한다.

- 적은 수의 핸드로만 플레이할 수 있다.
- 플레이를 했을 경우 승리할 확률이 높다.
- 플롭 이후(post-flop)의 플레이가 훨씬 수월해진다.
- 큰 팟을 따기는 어렵지만, 작은 팟을 여러 번 딸 수 있다.
- 상대 플레이어가 자신의 베팅이나 레이즈를 존중하게 된다.

"차트를 잘 활용하면 뱅크롤bankroll을 잘 관리할 수 있게 돼요. 다시 한 번 말하지만, 텍사스 홀덤은 상대의 칩을 따는 게 아니라 내 칩을 지키는 게임이에요. 그래서 전설적인 플레이어들도 '1개의 칩이 1개의 의자다.'라고 말하는 거죠. 내 칩을 지키다보면 자연스럽게 상대의 칩을 먹게 되는 거니까요."

페어가 뜨더라도 다 같은 페어가 아니다. A-A, K-K, Q-Q, J-J는 매우 좋은 핸드인 반면, 2부터 6까지 로우 카드는 스타팅 핸드에 페어가 뜨더라도 상대에게 밟힐 수 있기 때문에 베팅에 신중을 기해야 한다. 반면 7부터 10까지 하이 카드 페어는 아-자-마-카 페어보다는 떨어지지만, 로우 카드 페어보다는 좋은 핸드다. 역시 가장 좋은 패는 커뮤니티 카드의 조합에 따라 스트레이트플러시를 노릴 수 있는 핸드다. 스타팅 핸드 차트는 이러한 관점을 잘 설명해준다.

프리-플롭 시, 뒷자리에서 레이즈가 있을 때 A-A, K-K, Q-Q를 들고 있다면 올-인을 하고 그 외의 경우에는 폴드한다. 내가 먼저 레이즈를 하는 것과 상대가 먼저 레이즈를 한 후 내가 팟에 참여하는 것은 하늘과 땅 차이다. 싸움에서는 선빵이 중요하다! 앞에서 먼저 레이즈가 있었다면, 팟에 들어가려면 훨씬 더 강한 핸드가 필요하다. 특히 얼리 포지션의 플레이어가 레이즈를 했다면 더욱 그렇다. 레이즈 사이즈에는 다음과 같은 일정한 규칙이 있다.

만약 자신보다 앞자리에서 누군가 레이즈를 했다면 그냥 콜하지 말고 리-레이즈를 하는 것이 좋다. 이를 보통 쓰리-베트three-bet라고 한다. 리-레이즈 금액은 3배가 적당하다. 앞자리에서 2명이 레이즈를 했다면, 받아서 포-베트four-bet를 한다. 만약 마지막 레이즈 이후 1명이 콜을 했다면, 그 레이즈 금액의 4배로 레이즈를 진행하고, 2명이 콜을 했다면 마지막 레이즈 금액의 5배로 레이즈를 하는 것이 좋다. 이렇게 해서 총 레이즈 금액이 스택의 반을 넘기게 된다면 전략상 아예 올-인을 하는 것도 좋다. 이를 공식으로 간단하게 정리하면, 다음과 같다.

1공식) 아무도 레이즈를 하지 않았을 때   : 3BB + 림퍼 1명 당 1BB
2공식) 앞에서 1명이 레이즈를 했을 때   : 레이즈 금액의 3배 + 콜러 1명 당 1배
3공식) 레이즈 금액이 스택의 반을 넘길 때 : 올-인

"휴 다 암기하려면 시간이 걸리겠는데요?"

"암기할 필요 없어요. 처음에는 계산이 복잡해 보일 수도 있지만, 몇 번만 이 공식대로 플레이 해보면 금세 레이즈 금액을 계산할수 있을 거예요. 몸으로 배워야 해요."

어느덧 시계는 11시를 가리키고 있었다. 그녀는 옆에 놓인 맥주로 간단히 목을 축이고 나에게 말했다.

"자, 이제 실전이에요."

"시, 실전?"

"카지노에서 돈 따서 오늘 수업료 내야죠!"

"농담 아니었어요?"

"난 농담 같은 거 안 해요."

그녀는 웃으며 찡끗 윙크를 했다. 프리-플롭 전략을 살펴본 게전부였다. 이제 막 첫걸음을 뗀 것이다. 앞으로 갈 길이 구만리가남았다. 홀덤은 마라톤과 같다. 포커 명예의 전당에 올라있는 프로 포커 플레이어 마이크 섹스턴Mike Sexton은 이러한 홀덤을 두고 다음과 같은 말을 남겼다. "게임 이름부터 노-리미트 홀덤이다. 다시말해, 배우는 데에는 고작 1분밖에 안 걸리지만 마스터하는 데에는평생이 걸리는 게임이라는 말이다." 이제부터는 카지노 테이블에앉아 직접 승부를 겨루는 일만 남았다.

┃ 스타팅 핸드의 운영 원칙 ┃

핸드	앞자리의 레이즈	얼리 포지션	미들 포지션	레이트 포지션	블라인드
K-K A-A Q-Q	없다	레이즈			
	1번	레이즈			
	2번 이상	올-인			
A-K	없다	레이즈			
	얼리 포지션에서 1번	콜			
	미들 포지션에서 1번	–	레이즈		
	2번 이상	폴드			
J-J 10-10	없다	레이즈			
	얼리 포지션에서 1번	콜			
	미들 포지션에서 1번	–	레이즈		
	2번 이상	폴드			
A-Q	없다	레이즈			
	얼리 포지션에서 1번	폴드			
	미들 포지션에서 1번	–	레이즈		
	2번 이상	폴드			
A-J Q-K	없다	폴드	레이즈		
	얼리 포지션에서 1번	폴드			
	미들 포지션에서 1번	–	콜		
	2번 이상	폴드			
J-Qs 5-6s	없다	폴드		레이즈	
	얼리 포지션에서 1번	폴드			
	미들 포지션에서 1번	–		폴드	콜
	2번 이상	폴드			
J-Qs 5-6s	없다	레이즈			
	얼리 포지션에서 1번	콜			
	미들 포지션에서 1번	–	콜		
	2번 이상	폴드			

I 노-리미트 홀덤 스타팅 핸드 랭킹 I

HAND RANK	CARD	HAND RANK	CARD	HAND RANK	CARD
01	A♠ A♥	16	10♠ 10♥	31	A♠ 4♠
02	K♠ K♥	17	A♠ Q♥	32	A♠ 10♥
03	Q♠ Q♥	18	A♠ 9♠	33	8♠ 8♥
04	A♠ K♠	19	A♠ 8♠	34	Q♠ J♥
05	A♠ Q♠	20	K♠ Q♥	35	10♠ 8♠
06	J♠ J♥	21	10♠ 9♠	36	K♠ 8♠
07	K♠ Q♠	22	K♠ 9♠	37	A♠ 3♠
08	A♠ J♠	23	9♠ 9♥	38	A♠ 2♠
09	A♠ 10♠	24	A♠ 7♠	39	9♠ 8♠
10	K♠ J♠	25	A♠ J♥	40	J♠ 8♠
11	A♠ K♥	26	J♠ 9♠	41	J♠ 10♥
12	Q♠ J♠	27	Q♠ 9♠	42	K♠ 7♠
13	K♠ 10♠	28	A♠ 6♠	43	K♠ 10♥
14	J♠ 10♠	29	A♠ 5♠	44	Q♠ 8♠
15	Q♠ 10♠	30	K♠ J♥	45	Q♠ 10♥

HAND RANK	CARD	HAND RANK	CARD	HAND RANK	CARD
46	K♠ 6♠	61	6♠ 5♠	76	K♠ 9♥
47	7♣ 7♥	62	K♣ 2♣	77	Q♣ 3♣
48	8♠ 7♠	63	A♣ 9♥	78	6♣ 4♣
49	K♣ 5♣	64	4♣ 4♥	79	J♣ 5♣
50	10♠ 7♠	65	10♣ 9♥	80	Q♣ 9♥
51	9♠ 7♠	66	Q♠ 5♠	81	5♠ 4♠
52	K♣ 4♣	67	10♣ 6♣	82	Q♣ 2♣
53	Q♣ 7♣	68	3♣ 3♥	83	8♣ 5♣
54	6♠ 6♥	69	9♠ 6♠	84	A♠ 7♥
55	J♣ 7♣	70	2♣ 2♥	85	J♠ 4♠
56	7♣ 6♣	71	Q♣ 4♣	86	10♠ 5♠
57	K♣ 3♣	72	7♣ 5♣	87	J♠ 3♠
58	5♠ 5♥	73	J♣ 6♣	88	A♠ 6♥
59	Q♠ 6♠	74	A♠ 8♠	89	9♠ 5♠
60	8♣ 6♣	75	J♣ 9♥	90	10♠ 8♥

HAND RANK	CARD		HAND RANK	CARD		HAND RANK	CARD	
91	7♠	4♠	106	4♠	3♠	121	K♠	5♥
92	A♣	5♥	107	8♠	7♥	122	4♠	2♠
93	10♣	4♣	108	K♠	7♥	123	6♠	5♥
94	J♣	2♠	109	9♠	4♠	124	J♣	7♥
95	9♠	8♥	110	A♠	2♥	125	8♠	2♠
96	5♠	3♠	111	7♠	3♠	126	8♠	6♥
97	10♠	3♠	112	9♠	3♠	127	Q♠	7♥
98	6♠	3♠	113	9♠	7♥	128	K♠	4♥
99	K♠	8♥	114	K♠	6♥	129	7♣	2♠
100	A♠	4♥	115	10♠	7♥	130	3♠	2♠
101	J♠	8♥	116	5♠	2♠	131	Q♠	6♥
102	10♠	2♠	117	7♠	6♥	132	K♣	3♥
103	8♠	4♣	118	9♠	2♠	133	9♠	6♥
104	Q♠	8♥	119	6♠	2♠	134	7♠	5♥
105	A♠	3♥	120	8♠	3♠	135	10♠	6♥

| 노-리미트 홀덤 스타팅 핸드 랭킹 |

HAND RANK	CARD	HAND RANK	CARD	HAND RANK	CARD
136	K♠ 2♥	148	7♠ 4♥	160	7♠ 3♥
137	Q♣ 5♥	149	9♠ 5♥	161	5♠ 2♥
138	6♠ 4♥	150	5♠ 3♥	162	9♠ 3♥
139	J♣ 6♥	151	J♣ 3♥	163	6♠ 2♥
140	5♠ 4♥	152	6♠ 3♥	164	9♠ 2♥
141	Q♠ 4♥	153	10♠ 4♥	165	8♠ 3♥
142	8♠ 5♥	154	J♣ 2♥	166	4♠ 2♥
143	J♠ 5♥	155	10♠ 3♥	167	8♠ 2♥
144	Q♠ 3♥	156	8♠ 4♥	168	3♠ 2♥
145	Q♠ 2♥	157	4♠ 3♥	169	7♠ 2♥
146	J♣ 4♥	158	10♠ 2♥		
147	10♣ 5♥	159	9♠ 4♥		

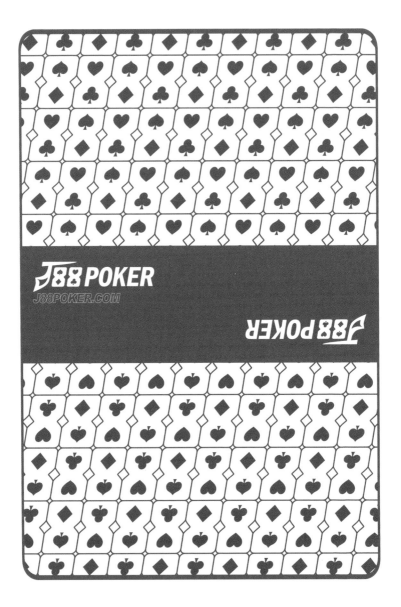

08

　1층 카지노에 다시 들어선 시각은 오전 10시 반이었다. 그녀는 홀에서 40대쯤 되어 보이는 지인을 만나 반갑게 인사를 나누며 짧은 담소를 나눴다. 나는 서너 걸음 떨어진 곳에서 그녀가 대화를 마치기를 뻘쭘하게 기다렸다. 그녀는 이야기가 길어지는지 나에게 눈짓으로 먼저 들어가라고 했다. 카지노에 들어서니 이미 여러 테이블에서 게임이 진행되고 있었다. 막상 테이블에 앉으려고 하니 심장이 두근거렸다. 테이블을 두리번거리며 한 10분쯤 서성이고 있었을까? 대화를 마쳤는지 그녀가 천천히 나에게 걸어왔다.

"어때요, 기분이?"

"조금…… 긴장되네요."

"테이블에 앉으면 언제 그랬냐는 듯 바로 집중할 수 있을 거예요."

"그, 그럴까요?"

"프로 포커 플레이어인 나도 아직까지 테이블에 앉을 때 두근거리니까요."

나에게 용기를 북돋워 주려고 하는 걸 느낄 수 있었다. 나는 주변을 둘러보았다. 어떤 테이블은 사람들로 문전성시를 이룬 반면, 어떤 곳은 드문드문 자리가 비어 있었다. 어떤 사람들은 게임에 무섭게 몰입하고 있는 반면, 또 어떤 사람들은 어깨 너머로 테이블 위에서 펼쳐지는 게임을 강 건너 불구경하듯 지켜보고 있었다. 테이블 너머에는 777을 맞추면 잭팟이 터지는 화려한 황금색 슬롯머신들이 연신 기계 소리를 내며 차르르 돌아가고 있었다. 방문객들은 남녀노소를 가리지 않고 일확천금을 꿈꾸며 기계 앞에 앉아 끊임없이 버튼을 누르고 있었다. 건너편에는 블랙잭을 하는 테이블도 보였다. 다들 테이블을 떠난 건지, 아직 이른 시각이라 사람들이 차지 않은 건지, 멋진 신사 한 분만이 와인잔을 옆에 두고 거드름을 피우며 딜러와 게임을 벌이고 있었다. 그녀는 나의 귀에 대고 속삭였다.

"지금 아시아 포커 투어APT가 열리고 있어요. 아직 토너먼트는 무리구요. 대신 옆 테이블에서 벌어지는 캐시 게임에 한 번 참여해 봐요."

"서현 씨는 토너먼트에 참가하나요?"

"흐흐. 난 어제 떨어졌어요."

나는 홀덤을 정확하게 꿰고 있는 그녀도 떨어지는 대회라면 나 같은 건 1회전에 뼈도 못 추리겠다는 생각에 조금 무서워졌다.

"운이 안 따라줬나 봐요?"

"네. 베드 비트를 당했어요."

"아니 서현 씨 같은 프로도 베드 비트를 당해요?"

"풋. 어디 인생이 뜻대로 되나요?"

그렇다. 인생은 계획대로 펼쳐지지 않는다. 내가 지금 이렇게 카지노에서 서성이고 있는 거나, 그녀를 만난 거나 모두 내 계획에는 없었다. 그녀는 내 등을 떠밀며 말했다.

"오늘은 테이블에 앉아 보는 거예요."

나는 크게 심호흡을 하고 그녀가 가리키는 테이블에 자리를 잡고 앉았다. 자리에는 5명의 사람들이 이미 앉아서 게임을 진행하고 있었다. 나는 딜러에게 물었다.

캐시 게임

홀덤 토너먼트가 벌어지는 카지노 사이드 테이블에서는 여러 종류의 캐시 게임이 펼쳐진다. 바이-인 금액에 따라 천차만별의 캐시 게임이 열리며 게임을 통해 돈을 벌 수 있다는 것이 가장 큰 장점이다. 원하면 아무 때나 테이블을 떠날 수도 있고 리-바이해서 테이블에 다시 앉을 수 있다. 뱅크롤에 맞춰 테이블 선택이 가능하기 때문에 블라인드의 규모가 비교적 안정적이라는 장점도 무시할 수 없다. 반면 토너먼트는 칩을 모두 잃을 때까지 테이블을 떠날 수 없으며 올-인당하면 그것으로 탈락이 결정된다. 리-바이가 허용되는 룰을 가진 일부 토너먼트를 제외하고는 보통 칩을 리-바이해서 다시 게임에 가담할 수도 없다. 이런 방식을 흔히 싯 앤 고sit & go라고 한다.

캐시 게임과 달리 블라인드의 규모도 회를 거듭할수록, 시간이 경과할수록 점차 올라간다. 간단한 예를 들어 설명하면, 만약 캐시 게임에서 블라인드 액수가 일관되게 SB에서 1달러, BB에서 2달러라면, 토너먼트에서는 SB와 BB가 100/200에서 일정시간이 지나 블라인드업이 되면서 200/400 그리고 300/600 으로 상승하게 된다. 특히 중요한 점은 캐시 게임에서는 스테이크에 따라 바이-인하는 칩의 범위가 정해져 있을 뿐 다양한 금액을 가지고 테이블에 앉을 수 있다. 칩이 하나라도 많으면 아무래도 조금이라도 더 유리하기 때문에 스택이 높은 플레이어가 낮은 플레이어보다 우위에 있다고 할 수 있다. 반면 토너먼트에 참가하는 플레이어는 모두 동일한 금액의 칩을 가지고 입장한다. Day-1 첫 게임은 모두 같은 조건에서 게임을 시작하기 때문에 스택의 규모에 게임이 영향을 덜 받는다. 물론 토너먼트의 경우에도 Day-2 상위 테이블로 올라갈수록 이전 테이블에서 확보한 칩을 들고 들어오기 때문에 금세 스택의 격차가 생긴다.

"Is this seat taken?(자리 있나요?)"

"Nope! Take your seat.(아니오. 앉으세요.)"

딜러는 자리를 내주었고 나는 앉았다. 그렇게 내가 앉으면서 테이블에 6명이 찼다. 나는 함께 테이블에 앉은 이들의 면면을 주욱 훑어보았다. 바로 왼쪽에 앉은 사람은 야구 모자를 쓴 앳된 얼굴의 청년이었고, 내 바로 맞은편에 앉은 사람은 대머리를 밀짚모자로 가리고 있는 나이가 지긋해 보이는 필리피노 할아버지였다. 다른 한 명은 중년의 아시아 여자였는데 겉으로 보기에 대단한 실력이 있어보이진 않았다. 어깨를 드러낸 원피스를 입고 있었는데 가슴골이 과도하게 드러나 있었다. 그나마 카우보이모자에 선글라스를 쓴 백인이 좀 프로다운 풍모를 풍겼다. 내가 앉자마자, 게임은 바로 시작되었다. 딜러는 주욱 카드를 돌렸다. 드디어 나에게 공식적으로 주어진 인생 첫 번째 카드였다. 누가 볼 새라 내 앞에 떨어진 카드를 조심스럽게 들춰보았다.

5♠, 6♠

파이브와 식스 스페이드. 홀덤에서 내가 처음으로 받은 핸드였다. 수티드는 나쁘지 않았다. 그런데 아뿔싸, 다시 보니 내 자리가 UTG의 위치였다! SB와 BB는 이미 블라인드를 낸 상태였다. 심장은 정신없이 뛰기 시작했다. 일찍이 명예의 전당에 헌액된 전설적인 포커 플레이어 도일 브런슨Doyle Brunson은 "카드를 받는 순간 자신의 핸드가 얼마나 좋은지 확인하려고 해라. 이 밖에 다른 건 아무 것도 중요치 않다. 아무 것도."라고 말했다.

내가 앉은 자리 맞은편에 그녀가 서서 나를 바라보고 있었다. 나와 눈이 마주치자 씨익 웃었다. 마치 눈짓으로 핸드가 괜찮은지 묻는 것 같았다. 나는 몇 시간 전 그녀에게 배운 SHC를 머릿속에 떠올렸다. 어쩌면 그녀가 가르쳐준 룰을 따른다면, 이 패로는 내 자리에서 바로 폴드해야 정상이다.

'이거 첫 끗발부터 안 좋네, 쩝.'

나는 바로 폴드하기로 마음먹었다. 배운 대로 해야 했다. 이것저것 생각할 겨를이 없었다. 그런데 이상한 일이 벌어졌다. 갑자기 오기가 생겼다. 내 생애 제대로 된 첫 번째 홀덤 게임인데 첫 판부터 이렇게 허무하게(?) 죽을 수는 없다는 생각이 스치고 지나갔다. 나는 그 짧은 시간 다시 테이블 건너편의 그녀를 쳐다보았다. 그녀는 어깨를 으쓱 하며 마치 내 생각대로 플레이하라는 것처럼 미소를 지었다. 순간 내 눈에 그녀가 승리의 여신 니케(나이키)처럼 보였다.

"콜!"

첫판부터 SHC를 어겼다. 오기? 아니, 객기라고 해야 할 것이다. 아니, 도일 브런슨의 조언을 따르기에 아직 실력이 부족하다고 인정해야 할까? 여하튼 나는 콜을 했다. 칩 2개! 그렇게 나의 첫 번째 턴을 넘겼다. 욕심 부리지 말고 플롭까지만 보자고 생각했다. 내 왼쪽에 있는 친구는 바로 폴드했다. 프리-플롭은 그렇게 이어졌다. 테이블에는 나를 포함하여 4명이 남았다. 그리고 드디어 커뮤니티 카드가 3장 깔렸다.

4♥, 7♥, 8♥

헉! 나는 순간 의자를 박차고 벌떡 일어설 뻔 했다. 이미 나는 핸드와 커뮤니티 카드를 조합해 가뿐하게 스트레이트를 메이드했다. 대박이었다. 스트레이트라면 승부를 걸어볼만 했다. 더 격렬하게 내 심장이 뛰기 시작했다.

219

SB는 체크를, BB는 칩 4개를 걸었다. 이제 내 차례였다. 나는 그녀에게 배운 대로 레이즈를 했다. 칩 12개를 걸며 앞 사람 베팅 금액의 3배로 레이즈를 해 버린 것이다. 내 베팅에 왼쪽에 야구 모자를 쓴 청년은 바로 깨갱하며 폴드했다. 마지막 남은 선글라스를 낀 중년의 백인 아저씨만 콜을 외쳤다. 이어 SB와 BB 모두 폴드했다. 그리고 테이블에 턴 카드가 떨어졌다.

4♠

4 스페이드였다. 이미 커뮤니티 카드만 가지고 원페어가 만들어졌다. 나하고 카우보이 아저씨만 남았다. 헤즈-업 상황이 펼쳐진 것이다. 순간 머리가 복잡해졌다. 턴 카드는 나에게 좋은 카드가 아니다. 상대 카드는 뭘까? 첫 번째 판이라 상대의 핸드 레인지를 전혀 종잡을 수가 없었다. 만약 상대가 4와 7이나 4와 8을 가지고 있다면 풀하우스가 된다. 7-7이나 8-8을 들고 있는 경우도 마찬가지였다. 물론 풀하우스는 스트레이트쯤은 바로 밟아버릴 수 있는 족보에 속한다. 나는 상대방의 얼굴을 한 번 올려다보았다.

'넌 대체 뭐냐?'

상대는 테이블 중앙만 뚫어져라 쳐다보고 있을 뿐 나에게 눈길조차 주지 않았다. 게다가 검은 선글라스를 끼고 있어서 도저히 그의 표정을 읽을 수가 없었다. 무념무상 포커페이스를 한 상대의 얼굴에서 어떤 의도도, 전략도, 노욕도 읽혀지지 않았다. 그것이 나를 더욱 초조하게 만들었다.

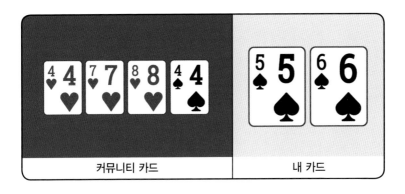

갑자기 명료했던 생각에 먹구름이 끼면서 불안한 마음이 들었다. 사람은 예측 가능성을 잃을 때 불안함을 느낀다. 한치 앞도 내다볼 수 없는 테이블 위에서 그와 나, 단 둘만 남았다. 그리고 나는 그의 패를 전혀 알지 못했다. 테이블에 팟도 별 볼일 없었다. 잃어도 딱 좋을 만큼의 칩이 쌓여 있을 뿐이었다. 하지만 나는 무슨 일이 있어도 첫 번째 게임을 꼭 이기고 싶었다. 그것이 나에게 무한한 영감을 주어 앞으로 홀덤에 대해 긍정적인 기운을 받을 수 있게 꽃길을 열어줄 것만 같았다. 우선 나는 그의 의중을 떠보기로 마음먹었다. 소심하게 체크를 외쳤다.

"체크!"

어라, 뭔가 불길했다. 처음으로 사내의 입가에 아주 엷은 미소가 살짝 스쳐 지나갔다. 그 순간이 좁쌀을 10등분한 너비만큼 매우 짧은 찰나여서 나조차 제대로 보았는지 의심할 정도였다.

'웃어? 뭐냐, 넌?'

그는 앞에 놓인 칩을 만지작거리다가 자신의 카드 2장을 다시 한 번 들여다보았다. 약간 생각에 잠기는가 싶더니 그는 갑자기 베팅을 크게 걸어왔다. 잔걸음으로 총총 걸어가던 그의 보폭이 갑자기 축지법으로 태산을 뛰어 넘을 것처럼 깊어졌다.

"레이즈!"

그는 무미건조한, 아니 어떻게 들으면 매우 퉁명스러운 어투로 레이즈를 외쳤다. 그리고 칩 20개를 던졌다. 나에 대한 선전포고였다.

'그래, 한 번 싸워보겠다 이거지?'

나는 오기가 발동하여 그의 레이즈에 콜을 받았다. 그리고 마지막 리버 카드가 떨어졌다. 둘 중 하나는 요단강 건너간다는 리버 카드! 그 리버가 저승으로 건너가는 요단강이 될지, 천국으로 넘어가는 은혜의 강이 될지 조금 있으면 곧 밝혀질 것이었다.

Q♥

리버에 Q 하트가 떴다. Q는 좀 뜬금없는 카드다. 문제는 무늬다. 하트가 아무래도 마음에 걸렸다. 리버도 하트가 뜨면서 이미 커뮤니티 카드에 하트가 총 4장인 셈이다. 나에겐 하트가 없다. 다만 상대가 하트를 1장만 가지고 있어도 플러시를 메이드하게 된다. 플러시 역시 스트레이트를 가뿐하게 밟을 수 있다.

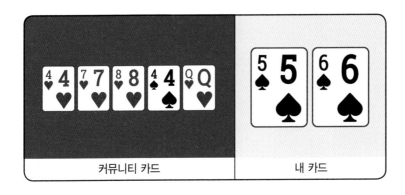

커뮤니티 카드　　　　　내 카드

이제 모든 카드는 다 펼쳐졌다. 이제 남은 건 패로 죽이든 칩으로 죽이든 저승까지 따라온 상대를 짓이겨버리는 일만 남았다. 당시 나는 텍스쳐도 읽을 수 없었고 에퀴티equity조차 계산할 줄 몰랐다. 물론 모든 피시들이 처음 테이블에 앉았을 때 겪는 똑같은 고충들이다. 나에게 주어진 짧은 학습 기간을 한탄하며 무식하면 용감하다고 나는 계속 전진하기로 마음먹었다.

'여기까지 와서 물러설 수는 없다. 도발해서 상대의 의중을 떠보자.'

나는 우선 칩 12개로 상대를 흔들어 보기로 했다. 그는 기다렸다는 듯이 바로 레이즈를 걸어왔다. 나란히 키를 맞춘 40개 칩을 밀어 넣었다. 나는 그제야 그의 앞에 놓인 스택이 눈에 들어왔다. 헉! 딥 스택이었다. 족히 내 스택의 3배는 되어 보였다. 피시들을 우적우적 씹어 먹는다는 샤크가 틀림없다. 나는 두뇌를 풀가동하면서 천천히 경우의 수를 따져보았다.

현재 내가 만든 핸드는 스트레이트. 만약 저 카우보이 아저씨가 나와 똑같은 5와 6을 가지고 있다면 찹(승부가 비겨서 칩을 나누는 것)이 된다. 흐음, 나쁘지 않다. 찹만 되도 나쁘지 않은 승부라는 생각이 들었다. 그런데 계속 이 불길한 생각은 뭐냐? 만약 카우보이 아저씨가 아무 숫자나 하트 1장을 들고 있다면? 바로 하트 플러시가 된다. 만약 그가 4를 1장 들고, 7, 8, Q 중에 1장을 들었다면? 아니면 7-7, 8-8, Q-Q의 페어 패를 가지고 있다면? 그는 풀하우스가 되면서 보기 좋게 나를 짓밟는다. 만약 4를 2장 가지고 있다면? 그는 당당히 포카드가 된다. 각각 확률은 얼마나 될까? 하아, 진짜 막막하군.

문제는 각기 확률이 어떻게 되는지 내가 모른다는 사실이다. 당

에퀴티

홀덤에서 오즈odds를 기본으로 플레이어 본인이 게임을 이길 수 있는 확률을 에퀴티equity라고 한다. 모든 플레이어는 저마다 에퀴티를 갖고 있으며 보통 퍼센트로 표현된다. 따라서 테이블에 앉은 모든 플레이어의 에퀴티를 합치면 당연히 100%, 즉 1이 된다. 반복해서 플레이를 했을 때 어느 플레이어의 평균적인 수익이 그의 에퀴티다. 포인트마다 내 핸드와 상대의 예상 핸드레인지의 에퀴티에 따라 체크와 베팅 전략이 달라지기 때문에 진지하게 홀덤을 바라보는 포커 플레이어라면 테이블에 앉기 전에 반드시 알아야 할 중요한 개념이다. 보통 홀덤 중계방송을 보면 프리-플롭, 플롭, 턴, 리버마다 시시각각 변하는 플레이어들의 에퀴티가 화면 한 쪽에 뜨는 것을 알 수 있다. 에퀴티는 수학적으로 계산할 수 있는데, 사실 현장에서 짧은 시간에 나의 에퀴티를 정확히 잡아내는 것이 쉬운 일은 아니다. 무엇보다 상대의 핸드를 정확하게 알지 못하기 때문에 대부분 에퀴티는 어림치가 될 뿐이다. 따라서 일반적인 핸드의 에퀴티를 대강 암기해둘 수밖에 없다. SHC에 따라 기본적인 에퀴티를 기억하고 플레이할 때마다 정확한 판단을 해야 한다.

상대 예상 카드	커뮤니티 카드
포카드	4♦ 4♣
풀하우스	4♦ 7♣
	4♦ 8♣
	4♦ Q♣
	Q♦ Q♠
	7♠ 7♦
	8♠ 8♦
플러시	K♥ 하트 1장
스트레이트	5♦ 6♦

커뮤니티 카드: 4♥ 7♥ 8♥ 4♠ Q♥

시 나는 테이블에서 가장 기초적인 확률 계산조차 할 수 없었다. 어찌 보면 당연한 일이다. 내가 홀덤을 배운 시간은 고작 하루밖에 되지 않았기 때문이다. 확률 계산은 홀덤의 기본이다. 홀덤을 마인드 스포츠라고 부르는 이유가 여기에 있다. 홀덤에서 확률은 알파와 오메가다. 홀덤 테이블에 앉은 선수가 각종 핸드의 확률을 파악하지 못하는 것은 마치 바둑 기사가 바둑돌의 수를 읽지 못하는 것, 아니 전장에 장수가 아무런 무기를 들지 않고 맨몸으로 나서는 것과 같다.

따라서 홀덤에 입문하는 사람이라면 반드시 기본이 되는 핸드 확률들은 숙지하고 있어야 한다. 예를 들어, 카우보이 아저씨가 52장의 카드에서 4를 뽑을 확률은 52분의 4다. 그 다음 연이어 4를 뽑을 확률은 앞서 1장이 빠졌기 때문에 51분의 3이다. 따라서 두 개의 확률이 이어서 일어날 확률은 52분의 4 곱하기 51분의 3인 셈이다.

$$\frac{4}{52} \times \frac{3}{51} = \frac{1}{13} \times \frac{1}{17} = \frac{1}{221}$$

보통 포커에서는 확률과 오즈라는 용어로 이를 정리한다. 확률 probability은 사건이 일어날 가망성을 일컫는 말이다. 이는 숫자 0에서 1사이로 표시되는데, 0은 일어나지 않을 경우, 1은 일어날 경우를 뜻한다. 보통 확률은 0과 1 사이의 어느 지점을 백분율, 즉 퍼센트로 표시한다. 예를 들어, 오늘 비가 올 가능성이 0.7이라면, 확률 70%가 되는 것이다. 1에 가까울수록 사건의 가능성이 더 높다고 볼 수 있다.

반면 오즈^{odds}는 게임에서 승패의 가망을 표시할 때 많이 쓰이는 용어로 보통 '사건이 일어날 가능성'과 '일어나지 않을 가능성'의 비율을 보여준다. 확률이 퍼센트로 표시한다면, 오즈는 콜론으로 나타낸다. 위의 예를 그대로 받으면, 오늘 비가 오는 것은 7:3 우세라고 할 수 있다. 우세의 반대는 보통 언더독^{underdog}(때로는 그냥 짧게 독^{dog}이라고도 함)이라고 한다. "내가 5:2 언더독이다."라고 말하면, 2번을 이기면 5번은 진다는 뜻이다.

> 오즈 = 도움이 되지 않는 카드의 수 : 도움이 되는 카드의 수

예를 들어보자. 내가 지금 하트를 2장 들고 있고, 플롭에 하트가 용케 2장이나 떴다고 가정해 보자. 벌써 하트를 4장이나 가지고 있는 셈이다. 만약 턴에서마저 하트가 나온다면 간단히 플러시를 메이드하게 된다. 이때 하트가 나올 오즈는 어떻게 될까? 하트는 이미 4장이 펼쳐져 있으니 전체 13장 중에서 9장이 남아 있는 셈이

다. 내가 손에 2장을 들고 있고, 테이블에 3장이 펼쳐져 있으니 전체 카드 52장 중에서 47장이 남아 있는 셈이다. 47장 중 9장의 하트를 뺀 나머지 카드 수는 38장이므로 턴 카드에 하트가 뜰 오즈는 결국 38:9가 되는 것이다. (확률로는 47분의 9가 된다.)

게임에서 이기려면 내 핸드의 오즈만 알아서는 안 된다. 상대의 베팅과 테이블에 깔린 베팅 금액에 대비해서 내가 얼마나 수익이 날 수 있는지까지 알아야 한다. 그래서 홀덤에서 베팅을 제대로 하려면 핸드의 확률만 따지는 것이 아니라 팟에 들어갈 베팅 금액도 봐야 한다. 이를 팟 오즈pot odds라고 한다. 팟 오즈는 팟에 든 금액과 팟에 넣어야 할 금액을 비교한 것이다.

> **팟 오즈 = 현재 팟에 든 금액 : 팟에 넣어야 할 금액**

리버가 깔리고 팟에 30달러가 있다고 치자. 좋은 패가 들어왔는지 상대가 6달러를 베팅했다. 이로써 팟은 36달러가 되었고, 당신은 상대의 핸드를 보기 위해 6달러를 투자해야 한다. 36달러를 얻기 위해 6달러를 투자해야 하니 오즈는 6:1이 된 것이다. 어떻게 할까? 선택은 간단하다. 팟을 차지하기 위해 6:1 언더독보다 나쁘지 않으면 콜을 한다. 그렇지 않다면 바로 폴드를 한다.

팟 오즈를 백분율(퍼센트)로 계산하는 방식은 의외로 간단하다. 팟에 100달러가 있고 상대가 50달러를 베팅했다면 전체 팟은 150 달러가 될 것이다. 이를 간단히 3:1로 표현할 수 있다. 이때 내가 상대의 베팅을 콜로 받는다면 팟 사이즈가 얼마나 될지 알아야 한 다. 당연히 나 역시 50달러를 걸면 전체 팟은 200달러가 될 것이다. 이 경우 전체 팟 사이즈에 내가 베팅한 사이즈를 비교하면 0.25가

팟 오즈와 임플라이드 오즈

홀덤 플레이어들은 게임에서 수익을 얻는 방식을 예측하기 위해 다양한 계 산법을 개발해왔다. 그 중 대표적인 방식이 팟 오즈와 임플라이드 오즈다. 팟 오즈pot odds는 상대의 베팅 사이즈와 팟의 총 사이즈 간의 비율을 말한다. 팟 오즈는 콜을 했을 경우 최종적인 팟 사이즈를 계산하고 콜 금액을 최종 팟 금 액으로 나누는 과정으로 얻을 수 있다. 백분율이 편하다면 100을 곱해 퍼센 트를 얻을 수 있다. 이렇게 얻은 팟 오즈와 자신의 에퀴티를 비교해서 팟 오 즈보다 유리할 때 베팅을 진행한다. 반면 임플라이드 오즈implied odds는 잠재 배당으로 각종 드로우 핸드들이 앞으로 어떠한 수익을 낼 수 있는지 보여주 는 오즈다. 이것은 남아있는 액션과 상대의 칩까지 포함하여 판세의 확률을 보여준다. 단지 내가 상대를 이길 수 있는 확률만 생각하는 것이 아니라 상대 를 이길 수 있는 핸드를 만들었을 때 잠재적으로 상대에게서 가져올 수 있는 칩까지 모두 예상한 수치다. 임플라이드 오즈를 계산할 수 있으면 핸드 운용 의 안정적 전략이 가능하기 때문에 내 뱅크롤을 보다 원활하게 관리할 수 있 게 된다. 보다 자세한 내용은 본책 2권에서 다룰 예정이다.

된다(50달러/200달러). 여기에 100을 곱하면 25%가 된다. 이 25% 라는 뜻은 내가 콜을 하면 이익을 내기 위해 이번 판에서 25% 이상 승산이 있어야 한다는 것이다. 이처럼 홀덤에서 궁극적인 승패는 팟 오즈의 이해에 달려 있다고 봐도 무방하다.

나는 짧은 수련 기간을 속으로 한탄하며 그의 레이즈에 리레이즈 하기로 결심했다. 이제 계산이나 판단으로 베팅을 하는 단계는 넘어섰다. 오로지 나의 감을 믿을 뿐이었다. 아니, 될 대로 되라는 심정이 맞을 것이다. 소가 뒷걸음질 치다가 쥐새끼를 잡는 건 바라지도 않는다. 다만 뒷걸음질 치다가 엄한 도랑에나 빠지지 않았으면 좋겠다 싶었다. 이런 상념들이 머리를 스치고 지나갈 때쯤, 그는 호기롭게 외쳤다.

"올-인!"

그는 자신이 가진 칩 모두를 걸었다. 이제 돌아갈 수 없는 위치까지 왔다. 나는 첫 번째 카드를 받은 첫 번째 홀덤 테이블 첫판에서 헤즈-업에서 만난 중년의 사내에게 올-인 선언을 받았다. 그제야 정신이 번쩍 들면서 내가 왜 레이즈를 콜했는지, 아니 SHC는 왜 쓸데없이 무시했는지, 아니 애초에 뭘 믿고 호기롭게 테이블에 앉았는지 이 모든 후회가 쓰나미처럼 밀려왔다.

나는 거의 패전을 목전에 둔 패잔병처럼 그녀를 바라보았다. 그녀의 눈은 밤하늘의 별빛처럼 반짝이고 있었다. 나와 눈이 마주치자 그녀는 양미간을 살짝 찌푸리며 눈썹을 팔자로 그렸다. 위로의 전언을 듣는 느낌이 들었다. 곧바로 무거운 납덩이처럼 현실감이 들면서 앞으로 닥치게 될 무시무시한 상황이 두려워지기 시작했다. 카우보이 아저씨부터 테이블에 앉은 모든 사람들은 내 입만 바라보고 있었다.

홀덤의 확률 자체는 컨트롤할 수 없다.
상황을 컨트롤하여 결과를 변화시킬 뿐이다.

아래는 필리핀을 떠나기 전 마닐라 공항에서 그녀가 나에게 외우라고 건네주었던 홀덤 기초 확률 계산표다. 테이블에서 런을 따지기 전에 본인이 가진 핸드의 승률이 플롭에 따라 어느 정도 되는지 가늠할 수 있어야 한다. 이를 도와줄 수 있는 무기가 바로 기초 확률 계산표다. 초보자들이 이 계산표를 암기하고 테이블에 앉으면 보다 안정적인 플레이를 진행할 수 있을 것이다.

포켓 핸드	오즈	퍼센트
포켓 페어가 나올 확률	16대1	5.88%
A-A가 나올 확률	220대1	0.45%
A-K가 나올 확률	82대1	1.20%
수티드가 나올 확률	3.25대1	23.53%
A가 최소한 1장 나올 확률	5.7대1	14.93%

플롭에서	오즈	퍼센트
A-K를 들고 A나 K가 나올 확률	2.08대1	32.4%
수티드가 3장 나올 확률	18대1	5.26%
수티드가 2장 나올 확률	0.82대1	55%
K-K를 들고 A가 나올 확률(K 없이)	3.3대1	23%
Q-Q를 들고 A 또는 K가 나올 확률(Q 없이)	1.3대1	43%
J-J를 들고 A 또는 K 또는 Q가 나올 확률(J 없이)	0.7대1	59%
페어가 나올 확률	2.2대1	32%

플러시	오즈	퍼센트
2장의 수티드로 플롭에서 플러시가 메이드될 확률	118대1	0.84%
2장의 수티드로 리버까지 플러시가 메이드될 확률	15대1	6%
2장의 수티드로 플롭에서 플러시 드로우가 메이드될 확률	8대1	11.11%
리버까지 플러시 드로우로 끝날 확률	1.8대1	35.71%
백도어플러시 확률	23대1	4.2%

기타	오즈	퍼센트
포켓 페어로 세트를 메이드할 확률	7.5대1	12.25%
K-K를 들고 리버까지 갔을 때 Q-Q에게 질 확률	4.4대1	18.52%
플롭의 세트로 풀하우스나 이상의 패를 메이드할 확률	2대1	33%
10명이 앉은 테이블에서 A나 K를 아무도 받지 않을 확률	70.5대1	1.4%
2-2를 들고 A-K를 이길 확률	0.89대1	53%

올-인 상황	최종 승률	올-인 상황	최종 승률
A-K 대 7-8 수티드	A-K 60%	A-K 대 Q-J	A-K 64%
A-K 대 2-2	2-2 51%	A-K 대 K-Q	A-K 73%
A-K 대 A-A	A-A 87%	A-K 대 K-K	K-K 66%
A-Q 대 K-Q	A-Q 70%	A-Q 대 Q-J	A-Q 70%
A-Q 대 K-J	A-Q 60%	A-T 대 K-Q	A-T 58%
A-A 대 K-K	A-A 80%	A-A 대 2-2	A-A 80%
A-A 대 7-8 수티드	A-A 77%	A-2 대 J-T	A-2 55%
K-K 대 K-6	K-K 90%		

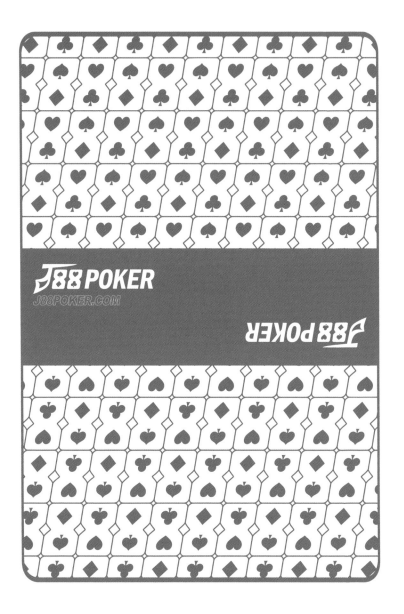

09

한국에 돌아오니 언제 그랬냐는 듯 다시 심심하고 무료한 일상이 다시 이어졌다. 하루 종일 업무에 치이다 저녁이면 어김없이 술자리가 이어졌다. 그런 와중에 문득 한 번씩 필리핀에서 있었던 사건들이 떠올랐다. 그리고 그녀의 얼굴이 떠올랐다. 왠지 여기가 내가 있을 곳이 아니라는 느낌을 한편으로 밀어낼 수 없었다. 마치 한여름 밤의 아름다운 꿈을 꾼 것처럼 그날이 잊을 수 없는 강렬한 추억으로 다가왔다. 도전해 보고 싶었다.

급한 마음에 나는 혼자라도 홀덤을 공부해 보기로 마음먹었다. 여기저기 뒤져보니 국내에는 참고할만한 책이 전무했다. 아마존을 통해 홀덤에 관한 원서들을 닥치는 대로 사 모으는 수밖에 없었다. 그날부터 나는 회사에서 퇴근하면 바로 책을 싸들고 동네 도서관으로 향했다. 아무리 회식이다 술접대다 모임이 이어지는 날에도 꼭 한두 시간은 책을 읽고 잠자리에 들려고 했다. 익숙하지 않은 영어 때문에 사전을 참고해야 했고, 개중에 가끔씩 새로운 이론이 툭 튀어나오며 내 발목을 잡기도 했지만, 처음으로 나에게 맞는 것을 발견했다는 생각에 꼼꼼하게 침 발라 가며 한 권씩 독파했다. 아마 대학 입시 때로 다시 돌아간다 해도 공부를 그렇게 철저하게 하지는 못했을 것이다.

하지만 독학의 한계는 예상보다 컸다. 홀덤의 메커니즘을 완전히 파악하지 못한 상태에서 자잘한 전략부터 공부하다 보니 어느새 실력의 밑천이 드러나고 말았다. 매너리즘과 슬럼프가 번갈아 가며 찾아왔다. 잊고 싶은 기억은 더 또렷하게 각인되는 걸까? 그때마다 필리핀에서 있었던 카우보이 백인과의 승부가 오랜 악몽처럼 계속 나를 괴롭혔다. 그는 마지막에 떨어진 리버 카드로 풀하우스를 메이드했다. 내 패만 보고 불나방처럼 달려들었던 나는 보기 좋게 첫 번째 판에서 탈탈 털리고 말았다. 그는 철 이빨로 내 척추를 끊어 우적우적 씹어 먹은 샤크였다. 그렇게 골수를 빼먹고 살점을 삼켰다. 그렇게 고통스런 기억에 파묻혀 허우적대고 있을 때 공항에서 헤어지던 그녀가 나에게 했던 말이 불현 듯 떠올랐다.

"한국에 가면 지창수 프로라는 분을 찾아가요. 가서 내 이름을 말하면 제자로 받아줄 거예요."

맞다. 지, 창, 수! 그녀는 내상을 입고 한국으로 돌아가는 나에게 홀덤 스승을 소개해주겠노라고 했다. 자신이 미리 전화를 해놓을 테니 한국에 돌아가면 그를 찾아가라고 했다. 나는 그녀가 일러준 약도를 들고 여의도 방송국 별관 근처에서 지 프로가 운영하는 자그마한 바를 찾았다. 들어가 보니, 꽤 규모가 큰 홀이 하나 딸린 술집이었다. 주변 증권사 회사원들이 일과를 마치고 퇴근하면서 잠깐 들러 술도 마시고 간단한 식사도 하는 공간이었다. 가만 보니한 곳에는 익숙한 포커 테이블도 놓여 있었다.

"저어…… 안녕하세요. 혹시 지창수 프로 계시나요?"
"전데요."
"아, 안녕하세요. 반갑습니다."

넙죽 손을 내밀었다. 그의 시선이 나를 위아래로 훑었다.

"무슨 일이시죠?"
"저, 저는 김지석이라고 합니다."
"그런데요?"
"마리아 최의 소개를 받고 왔습니다."

"누구요?"

"마리아 최요. 최서현 씨라고…….'"

"아, 서현이를 만났어요?"

그때까지 의심과 경계의 눈초리로 나를 살피던 사내의 얼굴에 살짝 반가움이 스치고 지나갔다. 그녀의 이름은 마치 원더랜드로 가는 통행증처럼 느껴졌다.

"네, 여기 가면 재야의 은둔 고수에게 텍사스 홀덤을 제대로 배울 수 있을 거라고…….'"

"그랬어요?"

"서현 씨가 연락을 미리 해놓겠다고 했는데…….'"

"안 왔어요, 연락이…….'"

"그래요?"

"서현이는 잘 있나요?"

"네, 두 달 전까지는…….'"

나는 그녀가 지 프로에게 미리 언질을 주지 않았다는 이야기를 듣고 약간 실망감이 들었다. 왜 전화를 하지 않은 걸까? 이런 저런 생각들이 머리를 맴돌고 있을 때, 그 역시 상념에 잠긴 듯 천천히 미소를 지었다. 나는 다짜고짜 그에게 90도로 깍듯이 절했다.

"제자가 되고 싶습니다."

"……."

"홀덤을 잘 하고 싶어요."

"해본 적은 있어요?"

"서현 씨하고 저번에 마닐라에서……."

"결과는?"

"첫 판에…… 올-인당했습니다."

그는 여태 다른 곳을 보며 대화를 이어가다가 비로소 나를 쳐다보며 말했다.

"그럼 첫판에 올-인된 그 실력 좀 볼까요?"

대뜸 그는 담뱃불을 붙이며 테이블에 털썩 앉았다. 머뭇하고 있는 나에게 눈짓으로 앉으라고 했다. 나는 천천히 자리에 앉았다. 갑자기 필리핀에서 베드 비트를 당했던 상황이 다시금 떠올랐다. 신경질적으로 머리를 내저으며 나쁜 생각들을 떨쳐냈다. 그는 안절부절 못하는 나는 아랑곳없이 덱에서 카드를 쭈욱 뽑더니 능숙하게 딜링했다. 자신의 핸드를 펼쳐보더니 무뚝뚝하게 말했다.

"헤즈-업 단판 승부입니다."

"……."

"실력을 보고 제자로 받을지 말지 판단하죠."

나는 델포이 신전에서 신탁을 받는 사제처럼 나에게 떨어진 카
드를 슬며시 들춰봤다.

5♠, 6♠

스페이드 5와 6이었다. 우연의 일치인지 필리핀에서 그녀에게 받았던 첫 번째 핸드와 똑같았다. 수티드 커넥터, 나쁘지 않다. 이 핸드로 이긴 적이 있다. 앞뒤로 숫자와 무늬를 연결하면 앞으로 다양한 족보를 만들 수 있다. 나는 마른침을 꿀꺽 삼켰다. 그는 말했다.

"블라인드는 아시죠?"
"네."
"그럼 스타팅스택 400BB에 SB와 BB는 각각 2개, 4개 입니다."

나는 다시 한 번 내 패를 보았다. 가슴이 뛰었다. 최대한 차분히 게임을 하기 위해 마음을 진정시켰다. 심장아! 나대지 마! 그러면서 맞은편에 앉아 있는 지 프로를 슬쩍 봤다. 그는 나에게는 관심도 없이 자신의 패만 지그시 보고 있었다. 나는 그녀에게 배운 대로 3BB를 내기로 했다.

"레이즈 12개."

그는 무덤덤하게 30개로 리레이즈를 하였고, 나는 잠시 고민 후 콜을 했다. 이윽고 플롭이 떨어졌다.

A♣, 7♠, Q♥

클럽 A, 스페이드 7, 하트 Q. 테이블에 레인보우(플롭에 오픈된 카드 3장이 모두 무늬가 다른 경우)가 깔렸다. 스페이드 7은 너무 반가운 카드지만, 나머지 2장은 전혀 도움이 되지 않는 카드다. 상대에게 A가 1장 있다면, 판세는 굉장히 불리해진다. 아니 Q만 있어도 상황이 나쁘다. 대체 상대는 어떤 핸드를 들고 있을까? 여러 복잡한 생각들이 뇌리를 스치고 지나갈 때 그는 퉁명스럽게 재촉했다.

"저는 체크입니다."

나는 그녀에게 배운대로 씨-베트를 해서 판을 흔들어 보기로 마음먹었다.

"베트! 20개"

나는 10짜리 칩을 2개 던졌다. 그는 다시 콜을 하였고, 턴 카드가 떨어졌다.

2♠

헐. 스페이드 2였다. 이건 뭐지? 스티플은 날아갔다. 하지만 스페이드가 그나마 위안거리였다. 리버에 스페이드가 다시 뜬다면 플러시를 메이드할 수 있다. 자, 정신 차리자. 플러시가 뜰 확률을 한 번 계산해보자. 나는 머릿속으로 빠른 암산을 해보았다. 덱에는 총 13장의 스페이드가 있다. 이미 보드에 2장이 깔렸고, 내가 2장을 들고 있으니 나머지 9장이 덱에 남아있는 셈이다. 물론 상대가 스페이드를 들고 있지 않을 거라는 전제로 말이다. 그렇다면 내가 플러시를 메이드할 수 있는 아웃츠는 9가 된다.

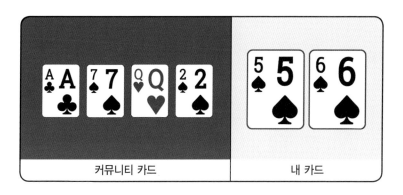

커뮤니티 카드 | 내 카드

플러시 메이드를 위한 아웃츠

되돌아갈 수 없다. 계속 앞으로 나아가야 한다. 나는 다시 레이즈를 했다. 그런데 지 프로가 자잘한 베팅이 감질났는지 갑자기 자신의 칩을 몽땅 밀어 넣었다.

"올-인."

헉! 상대가 뜻하지 않은 곳에서 도발을 해왔다. 순간 나는 머릿속 계산이 뒤죽박죽 엉켜버렸다. 상대는 뭘까? 나는 플러시 드로우, 아직 아무런 족보도 메이드하지 못한 상태였다. 상대가 나와 같이 플러시를 노리고 있을지 모른다. 그나 나나 이미 로티플, 스티플, 포카드는 나올 수 없는 상태다. 둘 다 풀하우스의 가능성도 희박하다. 여기까지 생각이 미치자, 갑자기 스멀스멀 희망이 싹텄다. 플러시 드로우인 내가 훨씬 유리하다. 아니 이미 유리와 불리를 따질 입장이 아니다. 이 게임은 내가 지 프로의 제자가 될 수 있는지를 가늠하는 시금석이다. 졌잘싸! 졌지만 잘 싸웠다는 소리를 들어야 한다. 포기하지 않고 끝까지 기백을 보여주면 싹수가 있다는 말을 들을 수 있지 않을까? 생각이 길어지자, 지 프로는 한마디 던졌다.

"오래 걸리네요?"
"……."
"받으실 건가요?"

나는 마지막으로 혼신의 힘을 기울여 내 핸드의 에퀴티를 따져 보았다. 나는 목소리를 가다듬고 천천히 외쳤다.

"콜!"

그는 씨익 미소를 지었다. 헤즈-업에 임한 두 플레이어가 모두 올-인을 한 상황, 마치 두 마리의 짐승이 최고의 자리를 놓고 목숨을 건 싸움을 벌이는 것과 같다. 승자독식의 전투. 이긴 자는 정글을 호령하며 모든 것을 독차지하지만, 패한 자는 아무 것도 건지지 못한 채 쓸쓸히 퇴장해야 한다. 2003년, 혜성처럼 나타난 29살 무명의 회계사 머니케이커는 파이널 라운드에서 프로 포커 플레이어 새미 파라Sammy Fahra와 헤즈-업을 하면서 지금과 똑같은 상황에 맞닥뜨린다. 플러시 드로우를 쥐고 마지막 1장의 카드를 기다리던 두 플레이어 모두 리버에서 계산이 어긋나게 된다. 죽음의 강을 건넌 두 사람, 뒤로 물러갈 다리는 이미 다 끊어진 상태다. 무조건 앞으로 나아가야 한다.

9-9 원페어 밖에 없었던 파라는 소심하게 체크한다. 상대에게 약간의 틈이라도 보이면 그것으로 게임의 성패는 바로 갈린다. 이때를 놓치지 않고 머니메이커는 역사에 남을 일생일대의 블러핑을 시전한다. "올-인!" 능구렁이 파라는 빈정대면서 묻는다. "너도 플러시 드로우 놓쳤지?" 머니메이커는 그의 신경전에 아무런 미동도

247

없다. 째깍째깍, 시간은 흐른다. 침묵이 흐른다. 파라의 계산은 단순하고 옳았다. 문제는 상대의 도발에 서서히 그의 우직한 확신에 금이 가기 시작한 것이다. 쩍쩍. 신념이 갈라지는 소리가 들렸다.

　오히려 초조해진 건 파라였다. 올-인은 상대를 지옥으로 끌고 가는 초청장이다. 그 초청장은 금테두리가 둘러진 게 아니라 짐승의 피로 물들어 있다. 문제는 상대가 응한다면 순진무구한 상대를 두고 블러핑으로 농간을 부린 내가 도리어 그 지옥불에 떨어진다는 것이다. 이를 머니메이커는 잘 알고 있었다. 파라는 결국 초청장을 받지 않았다. 폴드하고 만 것이다. 그렇다면 머니메이커는 무얼 들

2003년 WSOP 파이널 라운드에서 세기의 대결을 벌인 두 선수. 머니메이커(좌)와 파라(우)
(출처: reviewjournal.com)

고 있었을까? 그는 노 페어, 고작 K-하이를 들고 있었다. 이를 두고 당시 중계를 진행하던 ESPN의 아나운서 노먼 채드Norman Chad는 '세기의 블러핑'으로 칭송했다. 훗날 머니메이커는 당시 상황을 이렇게 회상했다.

"그가 내 올-인에 콜을 할 거라고 1도 생각지 않았어요. 고작 원 페어로 콜을 외치진 못할 거거든요."

어쩌면 당시 상황과 비슷한 형국이었다. 도발을 먼저 걸어온 건 지 프로였다. 나는 저승에서 건져온 그의 피비린내 나는 초청장을 받아 들었다. 생각이 복잡하면 안 된다. 나는 잃을 게 없다. 두 사람의 패는 오픈되었다. 쇼다운이다. 나는 그의 패를 보았다.

A♦, K♦

헐, 그는 A-K 다이아를 들고 있었다. 프리미엄 핸드다! 그러나 그는 펼쳐진 내 핸드를 보자 얼굴이 잠시 일그러졌다. 예상했던 핸드 레인지가 아니었던 걸까? 모르겠다. 이제 두 사람의 운명은 마지막 리버에 달렸다. 지 프로는 덱에서 1장을 버닝시키고 1장을 보드에 떨어뜨렸다. 모두 숨죽이며 라스트 카드를 지켜보았다. 나는 그 짧은 순간이 그토록 길었던 이유를 아직도 모르겠다. 마치 슬로우비디오처럼 리버가 떨어지는 장면이 천천히 보였다.

10♠

스페이드! 스페이드였다. 플러시였다. 플러시가 A 원페어를 이
겼다.

짝짝짝!

어디선가 박수소리가 터져 나왔다. 나는 놀라 주변을 둘러보았
다. 그제야 테이블 주변에 여러 사람들이 모여서 게임을 관전하고
있던 것을 발견하게 되었다. 한쪽에서 게임을 하던 이들이 이쪽 테

이블로 넘어와 강 건너 불구경을 하고 있었던 것이다. 자세히 보니 대체로 나와 비슷한 직장인들이었는데 나이가 지긋하신 분도, 여성 분도 다수 끼어 있었다. 지 프로는 나에게 악수를 청하며 말했다.

"서현이 안목이 맞는 것 같네요. 미네르바 클럽에 오신 걸 환영해요."
"아, 네."

나는 기쁨과 얼떨떨함이 교차하며 그와 악수를 나눴다. 그는 내 손을 꽉 잡았다. 남자치고 의외로 부드럽고 섬세한 손이었다. 카드보다는 피아노를 치고 있어야 할 손이라고 해야 할까? 나는 그때 처음으로 가까이서 그의 얼굴을 들여다보았다. 사색적인 표정의 눈매와 다부진 콧매를 지니고 있는 미남형 얼굴이었다. 약간의 침묵이 흘렀다. 그는 조금 민망할 정도로 집요하게 나를 쳐다보았다. 뚫어지게 바라보는 그의 시선이 불편한 나머지 나는 무슨 말이라도 해야 할 것 같아 서둘러 말을 이었다.

"감사합니다. 좋은 친구 덕분에 좋은 선생님을 알게 되었네요."
"서현이 때문에 받은 건 아닙니다. 당신은 홀덤 센스가 있어요."
"네? 홀덤 센스요?"
"네. 홀덤 센스는 가지고 싶다고 해서 쉽게 가질 수 없는 거죠."
"……."

251

"어쨌든 새털같이 많은 게 시간이니까 천천히 가르쳐 드리죠."

그렇게 얼떨결에 나는 지 프로의 홀덤 제자가 되었고, 그날 곧바로 수업이 시작되었다. 나는 홀덤을 배우던 그날을 잊지 못한다. 그의 가르침은 마리아 최의 가르침과는 또 달랐다. 그녀의 설명이 크레센도로 밀어붙이는 방식이라면, 그의 가르침은 스타카토로 툭툭 치고 가다가 어느 곳에선 리타르단도로 느려지더니 또 어느 곳에선 포르테로 흔들었다. 나는 지 프로가 설명해주는 홀덤의 문법과 구조에 깊이 매료되었다.

2장의 핸드와 5장의 커뮤니티 카드로 족보를 다투는 홀덤은 그녀에게 들은 것처럼 어느 면모로 보나 마인드 스포츠임에 틀림없었다. 그 성격상 매우 과학적이고 통계적이며 완전했다. 게임의 규칙과 방식도 매우 신사적이고 건전했다. 무엇보다 운이나 뜻밖의 요행이 아닌 정확한 판단과 치밀한 전략으로 승부를 겨루는 방식, 내 스스로 운을 조정할 수 있는 가능성이 마음에 들었다. 알면 알수록 홀덤은 테이블에 깔린 패를 보면서 내 핸드를 조립하고, 어김없이 돌아오는 베팅 라운드에 맞춰 핸드의 합이 발전적으로 나아갈 확률을 가늠하는 치열한 두뇌 게임이었다.

그렇게 지 프로와 함께 3~4개월 동안 격주에 한 번씩 모여서 홀덤을 배웠다. 강의를 마친 다음에는 직접 테이블에 앉아 2~3시간씩 실전 게임을 하며 이론에 경험을 입혔다. 그때 지 프로가 가르쳐준 홀덤이 내 실력의 기초가 되었다고 자부한다.

그렇게 홀덤에 대한 이해가 쑥쑥 자라나던 어느 날, 반가운 전화가 걸려왔다. 직감적으로 그녀의 전화라는 걸 알 수 있었다.

"잘 하고 있어요?"
"반가워요."
"나 지금 인천공항이에요. 잠깐 들어왔어요."
"아, 그래요?"
"우리, 잠깐 볼래요?"

'우리'라는 말에 갑자기 가슴이 뛰기 시작했다. 나는 회사에서 업무를 바로 마치고 그녀와 약속한 장소로 나갔다. 강남 신논현역 근처 모 카페 2층에서 그녀를 만났다. 그녀는 조금 상기된 표정으로 멀리서 손을 들어 다가가는 나에게 인사했다.

"여기에요."

그렇게 필리핀에서 헤어진 지 딱 2개월 만에 다시 그녀를 만났다. 난 이전보다 몰라보게 예뻐진 그녀의 얼굴을 한동안 넋 놓고 물끄러미 바라보았다.

"왜요? 내 얼굴에 뭐 묻었나요?"

"아, 아뇨. 반가워서."

"픕. 싱겁긴, 나도 반가워요. 어떻게 전에 내드린 숙제는 하고 있어요?"

그녀는 2개월 전 카지노에서 백인에게 탈탈 털리고 필리핀 마닐라 공항을 떠나는 나에게 2가지 숙제를 줬다. 첫 번째, 미리 언질을 해둘 테니 여의도 방송국 근처 미네르바라는 포커룸을 찾아가서 지 프로를 찾아 사사를 할 것. 두 번째, 자신이 가르쳐 준 ㅇㅇ온라인 포커 사이트에서 하루 3시간씩 훈련할 것.

"한국에 돌아가서 숙제 열심히 하고 있으면 이자는 빼 줄게요."

"고리대금업자가 따로 없군, 쩝."

"싫으면 지금까지 빌려준 칩과 수업료, 원금에 이자까지 다 갚으시던지?"

"헐……."

"신체포기각서 쓰는 것보단 낫잖아요? 후훗."

그렇게 이야기한 게 두 달 전이었다. 이제 그녀가 한국에 돌아와서 숙제 열심히 하고 있었는지 묻는 것이다. 나는 그 동안 지 프로를 만나 얼마나 열심히 공부하고 있었는지 열변을 토했다. 또한 그녀가 말해준 온라인 포커 사이트에도 가입하여 그날 지 프로에게 배운 이론을 실전에서 연습했노라고 자랑했다. 나는 50달러를 충전해서 사이트에 입장하면, 참가비 2센트를 내고 이기면 5달러를 받는 토너먼트부터 시작했다. 평소 언감생심 포커 게임에 대한 갈증 때문이었는지, 그것마저도 내게 감지덕지했다. 그렇게 온라인 토너먼트 연습을 계속 하다 보니, 바이-인 2센트에서 10센트 게임으로, 다시 2.5달러짜리 바이-인 게임으로 차츰 단계를 올릴 수 있었다.

새틀라이트

새틀라이트satellite는 투어 이벤트나 토너먼트 시리즈로 나아갈 수 있는 초청장을 제공하는 마이너 토너먼트를 총칭한다. 본래 온라인 포커 사이트에서 제공하던 프로그램이었는데, 지금은 예선전의 대명사로 굳어졌다. 새틀라이트 토너먼트의 가장 일반적인 용도는 예선전이다. 보통 새틀라이트 토너먼트는 전 세계적인 메인이벤트들의 참가자 수를 늘려주는 역할을 한다. 새틀라이트 토너먼트를 통해 비교적 적은 비용으로 WSOP나 APT 같은 유력한 토너먼트 초청장을 받을 수 있기 때문에 매년 인기가 높다. 최근 대형 포커 이벤트들이 우후죽순으로 생겨나면서 새틀라이트 종류 또한 매우 다양하고 복잡해졌다. 현재 포커스타즈와 같은 몇몇 온라인 사이트들은 다양한 새틀라이트를 운영하고 있으며, 플레이어는 아래 단계에서 출발하여 상위 계층으로 진출할 수 있다. 각 계층의 참가비는 항상 그 아래 계층보다 높으며, 첫 번째 계층이 가장 저렴하다.

그러다가 포커 인생에 새로운 전기를 마련하게 되었다. 운 좋게
도 온라인 새틀라이트에서 3.3달러를 내고 호주에서 열리는 오지
밀리언 대회의 메인이벤트에 참가할 수 있는 초청장을 따게 된 것
이다. 참가비에 호텔 5박과 항공권까지 주는 파격적인 조건이었
다. 나는 한껏 자랑을 늘어놓았다. 이야기를 듣자 그녀가 반색하며
물었다.

"어머, 호주 대회는 나도 참가하는 대횐데, 같이 가면 되겠네
요?"
"아, 그래요?"
"네, 호텔이 어디죠?"
"크라운 호텔이요."
"어머, 저도 그 호텔이에요. 잘 됐네요."

그녀는 생글생글 웃었다. 나는 그녀와 함께 첫 번째 토너먼트를
치르게 된 것이 기뻤다. 이게 모두 온라인 포커 사이트에서 맹렬히
연습한 덕분이었다.

"그간 지 프로님께 많이 배웠나요?"
"네, 좋은 스승을 만났어요."
"그래요……."
"그렇게 훌륭한 분이 우리나라에 있었는지 미처 몰랐네요."

그녀의 얼굴에 살짝 알 수 없는 표정이 스치고 지나갔다. 그녀는 물끄러미 창밖을 내다보며 아무 말 없이 커피를 마셨다. 나는 내가 뭔가 잘못한 게 있는지 물었다.

"뭐 잘못된 거라도 있나요?"
"아뇨."
"조금 다운되어 보여요."
"시차 때문에 그런가 봐요. 장거리 여행을 했더니 조금 피곤하네요."
"네……. 지 프로는 어떻게 알던 분인가요?"
"우리…… 다른 얘기해요."

무슨 이유에선지 그녀는 갑자기 화제를 바꿨다. 그녀는 미국 대회를 참가했던 이야기를 들려주었다. 비록 성적이 좋진 못했지만, 거기서 오랜 친구들을 만났고 시애틀에 있는 이모님을 보러 갔다고 했다. 홀덤 이야기가 나오자 그녀는 다시 열정적으로 대화를 주도했고, 우리는 자리를 옮겨 2차로 근처 선술집에 갔다. 오뎅탕에 소맥을 말아 먹으며 오랜만에 꼭지가 돌 때까지 마셨다. 그렇게 즐거운 만남은 자정까지 이어졌다.

며칠 뒤, 나는 다시 미네르바에 들렀다. 내일이면 호주로 출국하기로 되어 있었기 때문에 마지막으로 멘토의 조언을 한 번 청하고 싶었다.

"대회에 참가하면 어떤 플레이를 해야 할까요?"

"첫 대회는 떨리기 마련이죠. 나도 그랬고 무작정 안전지향으로 플레이하는 경향이 있어요. 너무 수비적으로 플레이하지 말고 적극 전투에 나서는 게 좋습니다. 중원에서 몇 개의 전투를 승리하면 테이블 전체에서 승기를 잡을 수 있을 거예요. 무엇보다 상대가 두려워할 수 있는 플레이어가 되어야 합니다."

"네, 알겠습니다. 꼭 좋은 성적을 거두겠습니다."

돌아서는 나에게 지 프로는 나에게 대뜸 한마디를 던졌다.

"지석 씨!"

"네."

"제임스 곽을 조심해요."

"누, 누구요?"

"한국 이름으로 곽, 필, 원. 제임스 곽을 안 만나는 게 최선이겠지만, 만나게 된다면 저에게 전화해요."

"제임스 곽이라…… 잘 아는 선순가요?"

"블러핑의 악어! 선수로 뛸 때 종종 마주쳤죠. 진흙탕 싸움을 즐기는 능구렁이 같은 친굽니다. 분명히 이번 호주 대회에 나타날 거예요."

그때까지만 해도 제임스 곽이 누군지, 그가 나의 홀덤 인생에 어떤 영향을 미칠지 나는 전혀 알지 못했다. 나는 다음 날 새벽같이 일어나 그의 마지막 말을 가슴에 묻고 인천공항 리무진을 탔다.

'흐음. 이제부터 시작이다.'

주먹을 불끈 쥐었다. 나를 태운 버스는 힘차게 새벽 공기를 가르며 공항으로 달렸다.

〈홀덤 챔피언이 된 김 과장. 중급편에서 계속〉

YELLOW

TABLE # 309 SEAT # 3

패트릭 안토니우스

리스 머니메이커

2019년 메인 이벤트 우승자 호세인 엔산

홀덤 마스터가 된 김 과장

1판 1쇄 인쇄 2020년 10월 20일
1판 1쇄 발행 2020년 10월 26일

지은이   김지운

발행인   김성룡
편집   백숭기
교정   김은희
일러스트   길경은
디자인   김민정

펴낸곳   도서출판 가연
주소   서울시 마포구 월드컵북로 4길 77, 3층 (동교동, ANT빌딩)
구입문의   02-858-2217
팩스   02-858-2219